WRITER'S LETTER

그동안의 여행에서 저를 바꾼 건 새로운 건물과 공연을 보는 것이 아닌, 그곳에서 만난 사람들이었습니다. 여행 안에서 살아온 경험들을 나누고, 그곳에서 만난 친구의 삶을 들으며 새로운 공간에서 새롭게 자라나는 생각의 씨앗을 보았습니다. 때로는 처음 만난 사람에게 친한 친구에게도 털어 놓지 못했던 깊은 이야기를 했고, 상대방은 전혀 다른, 새로운 방식의 대답을 들려주었습니다. 이런 시간들이 만나 제 삶의 방향을 아주 조금씩, 나 다운 모습으로 바꾸어 나가게 해주었습니다. 그렇게 제 인생이 흘러 이곳 베네치아 근처 시골 마을에서 사랑하는 안드레아Andrea와 함께 선물 같은 일상을 살게 된 것처럼요. 독자 여러분도 신비로운 도시 베네치아에서 그런 순간들을 맞이하시기를 바라는 마음을 담아 <트립풀 베네치아>를 만들었습니다. 이 책이 든든한 열쇠가 되어 베네치아에서 자유롭게 길을 잃고, 이야기를 나누시기를, 더 나아가 행복하고 즐거운 삶의 방향을 찾아 나가기를 진심으로 바랍니다.
그리고 이 자리를 빌려 모든 것을 함께해준 사랑하는 남편 안드레아와, 먼 곳에 딸과 언니 누나를 보내 항상 그리운 마음을 간직하고 있는 우리 가족들에게 진심을 담아 사랑하고 감사하는 마음을 전합니다.

정자현

CONTENTS

Issue
No.13
—
2019

VENEZIA
베네치아
—
베로나 · 트레비소 · 발도비아데네

WRITER
작가 정자현

베네치아 근처 시골 마을에서 사랑하는 남편 안드레아ANDREA와 일상을 여행하며 선물 같은 순간을 살아가는 중. 이탈리아 전문 여행사 JUST2GO를 운영하고 있고, 이탈리아와 한국을 잇는 크리에이터로도 활동 중이다. 많은 것들을 즐겁게 하고 배우며 다양한 사람들을 만나게 해준 이 도시 베네치아에 항상 감사한 마음을 가지고 있다. 언젠가 일상 여행을 마치고 아름다운 지구를 자유롭게 여행하는 낯선 여행자가 될 예정.

Tripful = Trip + Full of
트립풀은 '여행'을 의미하는 트립TRIP이란 단어에 '~이 가득한'이란 뜻의 접미사 풀-FUL을 붙여 만든 합성어입니다. 낯선 여행지를 새롭게, 그리고 더 가까이 다가갈 수 있도록 도와주는 여행책 입니다.

※ 책에 나오는 지명, 인명은 외래어 표기법을 따르되 이탈리아어의 발음과 차이가 있을 경우 발음에 가깝게 표기했습니다.

※ 잘못 만들어진 책은 구입한 곳에서 교환해 드립니다.

008 WHERE YOU'RE GOING

PREVIEW :
LA SERENISSIMA, VENEZIA

012 VENEZIA ON THE SEA
     바다 위의 도시, 베네치아 들춰보기

12

016 DAILY LIFE IN VENEZIA
     베네치아 로컬들의 하루하루

SPOTS TO GO TO

022 PONTE DI RIALTO & AROUND
     리알토 다리 주변 : 중세 유럽의 월스트리트

030 PIAZZA SAN MARCO
     산 마르코 광장 : 베네치아 정치의 중심

036 [SPECIAL] LIKE A MOVIE, VENEZIA
     한편의 영화처럼, 베네치아

040 SESTIERE DORSODURO
     도르소두로 지구 : 베네치아의 소호

044 SESTIERE GHETTO
     게토 지구 : 베네치아 속 또 다른 베네치아

048 [THEME] THE GRAND CANAL
     대운하 따라 즐기는 베네치아

052 [THEME] VENETIAN PERFORMANCE
     흥부자 베네치아

054 MURANO
     무라노 : 유리 작품의 세계로

058 BURANO
     부라노 : 알록달록 동화 속 마을

EAT UP

064 PASTICCERIA
     파스티체리아 : 갓 구운 빵과 커피 한 잔으로 시작하는 달콤한 아침

068 CAFE
     카페 : 커피 향기와 함께 느끼는 이탈리아

072 GELATO
     젤라또 : 누구나 동심으로

074 STREET FOOD
     스트리트 푸드 : 거리에서 느끼는 이탈리아 셰프의 손길

076 LUNCH & DINNER
     런치 & 디너 : 꽁꽁 숨겨두고 싶은, 현지 레스토랑

79

080 [SPECIAL] WINE
     취향저격! 우리 와인 한잔 할까요?

084 APERTIVO TIME
     아페르티보 타임 : 일상을 행복하게 만드는 순간

088 BACARO ROAD TOUR
     바카로 로드 투어 : 골목골목 숨겨진 치케티 바

LIFE STYLE & SHOPPING

092 LIVING IN ITLY
이탈리아인들의 취향을 담은, 라이프스타일 숍

094 MADE IN VENEZIA I DESIGNER SHOP
베네치아 디자이너 숍

096 MADE IN VENEZIA II SOUVENIR
오직 베네치아에서만 만날 수 있는 기념품

100 MUST BUY ITEM I LOCAL MART
현지인이 강력 추천하는, 마트 쇼핑

104 MUST BUY ITEM II PHARMACY
이탈리아 여행의 필수 코스, 약국 쇼핑

105 OUTLET SHOPPING
아웃렛에서 즐기는 이탈리아 브랜드 쇼핑

105

PLACES TO STAY

107 FIVE-STAR HOTELS
고풍스러우면서도 화려한

108 FOUR-STAR HOTELS
편안함 + 아름다운 뷰

109 BED & BREAKFAST
집에 초대받은 듯 정겹고 따뜻한

ATTRACTIVE SUBURBS

112 VERONA
사랑의 도시, 베로나

116 TREVISO
트레비소에서 즐기는 식도락 여행

118 VALDOBBIADENE
최고급 프로세코와 함께, 발도비아데네

118

PLAN YOUR TRIP

120 TRAVELER'S NOTE & CHECK LIST
베네치아 여행 전 알아두면 좋은 것들

122 GESTURE
이탈리아 제2의 공용어

123 FESTIVAL
베네치아가 들썩들썩

124 SEASON CALENDAR
계절별 베네치아 여행 팁

125 TRANSPORTATION
365일 차 없는 도시,
교통수단은 오직 배와 튼튼한 두 다리

128 THE BEST DAY COURSE
베네치아 여행이 완벽해진다

MAP

132 지도

WHERE YOU'RE GOING

120여 개의 섬으로 구성된 바다 위의 도시 베네치아.
이 섬들을 잇는 것은 400개가 넘는 수많은 다리와 작은 배들뿐. 미로 같은 베네치아를
행정 구역이 아닌 여행 테마에 맞추어 여행할 수 있도록 4개의 주제로 구분하여 소개한다.
베네치아의 과거와 현재의 라이프스타일을 구석구석 느껴보자.

옛 베네치아 : 게토 주변

과거 유대인 거주 지역이였던 게토. 상인의 나라 베네치아에서 고리대금업이 이루어 질 수 있었던 유일한 공간이었다. 관광지에서 살짝 벗어나 있어 한가롭게 베네치아 마을을 느끼며 여유를 부리기 좋은 곳이다.

베네치아의 소호 : 도르소두로 지구

세계 최고 수준의 현대미술관 페기 구겐하임과 푼타 델라 도가나 그리고 베네치아 르네상스 예술의 중심 아카데미아 미술관이 있는 도르소두로. 현지 예술가들이 하나 둘 자연스럽게 갤러리를 오픈하기 시작해 베네치아의 다양한 예술이 살아 숨쉬는 소호 거리가 되었다.

베네치아 경제의 중심 : 리알토 다리 주변

베네치아가 지중해 무역의 중심지였던 12~16세기, 리알토 다리 주변은 유럽 최대의 향신료 시장이 열렸던 곳이다. 새벽장이 서는 활기찬 전통시장 리알토 마켓과 베네치아에서 가장 오랜 역사를 지닌 산 자코모 디 리알토 성당, 그리고 리알토 다리까지. 상인의 나라였던 베네치아만의 매력을 느낄 수 있는 지역이다.

인근 섬 : 무라노, 부라노 등

120여 개의 크고 작은 섬으로 이뤄진 베네치아. 섬 하나하나마다 각기 다른 팔색조 같은 매력을 가졌다. 세계 최고의 유리 공예를 만드는 무라노섬, 알록달록 인생샷의 부라노섬, 와이너리에서 힐링 할 수 있는 마쪼르보섬 등 다양한 매력을 가진 보물 같은 섬들을 돌아보는 것도 베네치아에서 빠트려서는 안될 즐거움이다.

베네치아 정치의 중심 : 산 마르코 광장

베네치아 심장 역할을 했던 공간답게 산 마르코 광장에는 화려한 건물들이 넘친다. 정치와 행정기관이 모여있던 두칼레 궁전과 반짝반짝 빛나는 산 마르코 성당, 이탈리아 최초의 카페 플로리안 등 나폴레옹이 '세상에서 가장 아름다운 응접실'이라고 극찬했던 산 마르코 광장에서 베네치아에 취해보자.

Spot Information

① 산타 루치아 역
② 방코 로쏘
③ 리알토 마켓
④ 리알토 다리
⑤ 페기 구겐하임 미술관
⑥ 산타 마리아 델 살루테 성당
⑦ 푼타 델라 도가나
⑧ 산 마르코 광장
⑨ 산 마르코 성당
⑩ 두칼레 궁전
⑪ 무라노섬
⑫ 부라노섬
⑬ 마쪼르보섬
⑭ 토르첼로섬
⑮ 리도섬

PREVIEW:
LA SERENISSIMA,
VENEZIA

바다 위 도시 베네치아.
집에는 자가용 대신 보트가 있고, 창문 아래로는 유유히 흐르는 바다가 보이는 곳. 두 발을 딛고 있는 곳이 땅이 아니라 사실은 바다인 곳. 오직 다리와 배만이 서로를 이어주는 120여 개의 작은 섬에서 가슴에 세계를 품고 저 멀리 지중해로 나아갔던 베네치아인들. 이곳에는 1,500여 년이 넘는 오랜 세월 동안 이어져온 그들만의 특별한 라이프스타일과 문화가 존재한다. 이들의 비현실적이고도 아름다운 이야기를 만나보자.

*라 세레니시마 La Serenissima는 '가장 고귀한 공화국'이라는 의미.

01

VENEZIA ON THE SEA :
바다 위의 도시, 베네치아 들춰보기

02

DAILY LIFE IN VENEZIA :
베네치아 로컬들의 하루하루

Venezia on The Sea

바다 위의 도시, 베네치아 들춰보기

1 PREVIEW

4세기, 훈족을 피해 피난민들이 선택한 석호 지대. 피난민들은 석호 사이사이 조금씩 솟아오른 땅에 나무를 박아 넣어 단단한 땅을 만들었고, 그 위에서 살아가기 시작했다. 정착 후에도 자신들이 만든 섬에 안주하지 않고 바다를 향해 나아간 그들은 시간이 흐른 뒤 유럽에서 가장 부유하고 평화로운 나라를 만들었다.

'베네치아' 이야기

#베네치아의 '살아 있는' 물길

베네치아에서 가장 중요한 것 중 하나는 '살아 있는 물길', 즉 흐르는 물길을 만드는 것이었다. 물이 고여 썩을 경우 나라의 존폐를 위협하는 전염병이나 말라리아의 창궐을 야기했다. 운하의 사전적 정의는 '배의 운항을 위하여 육지에 파놓은 물길'이지만, 베네치아에서의 운하는 '이미 물이 흐르고 있는 수로 중 가장 깊은 수로를 제외하고 나머지 부분을 돌이나 목재로 채워 땅을 만든 것'을 의미한다. 땅을 파서 운하를 만든 것이 아닌, 본래 있던 물줄기의 흐름을 유지하며 주변 땅을 정비해 만들었던 것. 이렇게 만들어진 운하를 '까날Canal' 혹은 '리오Rio'라고 부르는데 까날은 폭이 넓은 물줄기, 리오는 좁은 물줄기를 가리킨다. 이렇게 수로의 방향이 결정되면, 2~5m의 목재를 갯벌에 빈틈 없이 박아 넣고 그 위에 땅을 만들었다. 현재 베네치아의 대부분 땅은, 약 15세기 베네치아의 건물이 목재에서 석재로 변화할 때부터 만들어졌다.

#마을 주민들의 휴식처, 캄포

베네치아 본 섬에는 유럽에 그 흔한 광장이 '산 마르코 광장' 단 한 곳 밖에 없다. 대신 광장처럼 마을의 중심 역할을 하는 '캄포Campo'가 있다. '캠핑Camping'의 어원이기도 한 캄포는 넓은 땅에 곡식과 풀 등이 자라고, 아이들이 뛰어놀고, 어른들은 여가를 즐기는 공간이었다. 본 섬에 있는 약 70개의 캄포는 흥미롭게도 그 구조가 모두 비슷하다. 육지에서 피난을 와 생존에 필요한 요소들을 새로운 정착지에 포함시키다 보니 자연스럽게 비슷한 구조로 형성된 것으로 보인다. 동네의 중심 캄포에는 성당과 주민들의 식수를 책임졌던 우물, 유력자의 집안이 위치해 있고, 그 밖으로 뻗어 있는 여러 갈래의 깔레Calle(길)로 들어서면 본격적인 주거 공간이 시작된다. 그리고 동네를 감싸며 운하가 흐르고 있다.

베네치아를 처음 둘러보았을 때, 도저히 알 수 없는 미로 같은 길에 무척 헤매었다. 그러다 캄포 여행을 시작하게 되었다. 이 미로 같은 베네치아도 결국 캄포와 캄포의 만남이니깐. 작은 부분을 보고 나니 큰 그림도 그려지기 시작했고, 캄포 여행을 시작하며 베네치아와 사랑에 빠졌다. 아이들이 공을 차고, 거리의 예술가들이 공연을 하는 한 마을의 중심인 곳. 베네치아에서 각자가 애정하는 나만의 캄포를 찾아보는 것은 어떨까?

#피난처에서 유럽 최고 공화국으로

베네치아인들은 섬에 머물지 않고, 바다를 이용해 지중해로 향하는 도전을 시작했다. 멀리 항해할 수 있는 배를 만들고, 무역을 할 수 있는 상인 조직을 구성했으며, 이들이 다른 나라에서도 잘 활동할 수 있도록 외교술을 펼쳤다.

이런 과정을 거쳐 지중해 무역 국가로 발돋움한 베네치아는 상업 활동 또한 종교적 이데올로기로부터 영향을 받지 못하도록 철저히 둘을 분리시켰다.

이탈리아 주요 도시에서 가장 큰 성당은 대부분 주교좌 성당으로 교황청의 힘 아래 있으면서 도시 한가운데 위치해 영향력을 행사했다. 베네치아는 이를 막기 위해 산 마르코 성당은 도제의 개인 성당으로 두고, 주교좌 성당은 산 마르코 광장에서 20분 정도 떨어져 있는 곳으로 택해 종교의 개입을 약화시켰다. 지리적으로는 교황청에 근접하면서, 비잔틴 제국의 속국을 고집했던 것도 이러한 이유 때문.

피난처에서 시작된 곳이 유럽에서 가장 부강한 나라, 전쟁 없는 가장 평화롭고 고귀한 공화국 '라 세레니시마La Serenissima'가 되었다.

곤돌라, 숨겨진 이야기

유유히 베네치아 운하를 떠가는 곤돌라Gondola. 스트라이프 티셔츠에 모자를 쓴 곤돌리에Gondolier가 노를 저으며 내는 고요한 물살 가르는 소리. 손에 닿을 듯 눈앞에서 반짝이는 베네치아의 운하. 곤돌라를 타고 천천히 운하를 따라가며 보는 바다 위 베네치아의 모습은 도보 여행과는 또 다른 매력을 느낄 수 있다.

초기의 곤돌라는 지금과는 조금 다른 형태였다. 사방이 오픈되어 있는 현재와는 다르게 과거에는 우리나라의 가마처럼 선실이 있었다. 숨겨진 공간과도 같은 이곳은 밀정을 나누는 장소였다는 이야기가 전해진다. 주로 귀족들의 교통수단으로 쓰였던 곤돌라는 16세기까지 다이아몬드, 보석 등으로 화려하게 장식 되었는데, 베네치아에 사치 금지법이 발효된 이후 모든 곤돌라는 검정색으로 칠해져 지금과 같은 형태가 되었다. 지금은 교통 수단으로 사용되지 않고, 10여 개 곤돌라 협회가 관광객들만을 위해 운행하고 있다.

곤돌라 탑승
최대 6명까지 탑승할 수 있는 곤돌라의 비용은 주간을 기준으로 30분에 80유로로 정해져 있다. 약 50분 동안 운행한다는 조건으로 가격을 높게 부르고 흥정하는 경우도 있으니 곤돌라 탑승 전 루트와 가격을 주의 깊게 듣는 것이 좋다.

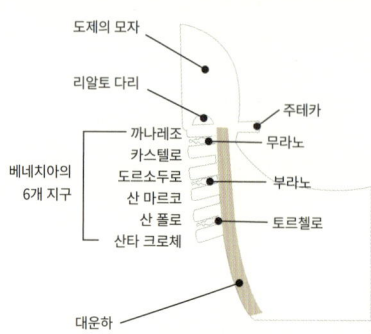

곤돌라에 담긴 베네치아의 상징
모든 곤돌라는 소형 곤돌라 제작소에서 길이 10.75m, 폭 1.38m로 정확하게 같은 수치로 만들어진다. 또한 곤돌라가 균형을 잡을 수 있게 도와주는 철로 된 파로Farro 부분에는 베네치아의 상징들이 가득 담겨있다. 자세히 보아야 더 재미있고 멋진 곤돌라다.

INTERVIEW

곤돌라 사공 곤돌리에. 이들은 마치 비밀 결사단처럼 어쩐지 신비롭고 비밀스러워 보인다. 베네치아 사진에 언제나 등장해 한껏 매력을 어필하는 그들. 베일에 싸인 곤돌리에의 진짜 모습이 궁금했다. 산타 마리아 델 질리오 선착장의 든든한 수장 루카. 베테랑 곤돌리에 루카가 밝히는 진짜 곤돌리에의 세계.

PROFILE

Luka

N 루카 J 곤돌리에

곤돌리에의 삶을 선택하게 된 특별한 이유가 있나요?
곤돌리에는 저희 집안 대대로 내려온 전통 직업이에요. 보통 아버지에게 곤돌라 운전을 배우는데 저는 할아버지와 삼촌에게 배웠어요. 저희 아버지는 곤돌리에 끌림이 없으셨대요. 대신 대중교통인 바포레토 운전을 하셨어요. 아버지는 제가 아버지의 뒤를 이어서 바포레토를 운전하기를 원하셨지만, 저는 곤돌리에가 되고 싶었어요. 처음 시작할 때가 1992년이에요. 시간이 흐르면 흐를수록 이 일에 더욱 매력을 느낍니다.

곤돌리에가 되려면 어떻게 해야 하나요?
오래 선에는 곤놀리에가 되는 게 어려우면서도 쉬웠어요. 가족 전통이었으니까요. 아버지에게서 물려받는 것이 당연했어요. 가족이 학교였죠. 그런데 지금은 달라졌어요. 먼저 곤돌라 전문학교를 가야하고, 여러 단계를 거치며 시험도 봐야해요. 정해진 정원도 있어요. 누구나 곤돌리에가 될 수 있는 문이 열리면서 곤돌리에가 되고 싶은 사람도 많아졌어요. 예를 들어 과거에 30명 정도를 뽑는데 35명 정도가 지원했다면 지금은 300~400명 정도가 지원해요. 물론 가족이 곤돌리에라면 여러모로 더 유리한 면이 있기는 하죠.

가족 중 곤돌리에 직업을 물려받을 사람이 있나요?
저는 딸이 2명 있어요. 그런데 제 딸에게 곤돌리에가 될 거냐고 묻거나 추천한 적은 없어요. 제가 여자분이 못 할거라고 생각하는 건 절대 아니에요. 하지만 곤돌리에 비율이 남자 150명에 1명 정도가 여자에요. 딸이 남자들 틈에만 있으면 신경 쓰일 것 같아요. 하하. 그리고 생각보다 일이 힘들어요. 이게 노를 젓는 일이거든요. 물도 차오르고, 바람도 불고, 겨울에는 눈도 오고요. 지금 여자 곤돌리에는 두 분 있어요. 한 분은 제가 아는 곤돌리에 딸인데, 곤돌라를 운전하다가 어깨 부상을 당했어요. 옆에서 지켜보기에도 힘들어 보였고요. 여자이기에 반대하는 게 아니라, 여자의 힘으로 감당하기 어려운 순간들이 있는 것 같아요.

곤돌리에를 하면서 제일 기억에 남는 순간이 있나요?
베니스 영화제 기간에는 아무래도 셀럽들이 많이 와요. 유명한 사람들이랑 같이 사진도 찍고, 그런 날이 일상일 때는 많은 것이 재미있죠. 그리고 기억에 남는 순간이라면 사고가 났던 날도 빠트릴 수 없을 것 같아요. 곤돌라를 운전할 때 가장 조심하고 신경 쓰는 점이 중심을 잡는 거에요. 저보다 덩치가 큰 사람이 곤돌라 안에서 갑자기 움직이면 중심을 잃기 쉽죠. 1996년도에 거구의 손님이 탑승했는데, 그 분이 다른 쪽으로 옮겨 앉으려고 갑자기 자리에서 일어난 거에요. 그 바람에 제가 중심을 잃고 노를 젓는 자리에서 미끄러졌어요. 순식간에 중심을 잃었고, 곤돌라 난간에 갈비뼈를 부딪히면서 운하에 빠졌어요. 다행히 탑승했던 손님들은 빠지지 않았어요. 올라탈 수 있는 곳까지 헤엄쳐 가서 구사일생으로 살아난 적이 있어요. 헤엄치면서 많이 아프다 했는데, 갈비뼈가 부러졌더라고요. 추가로 팁을 말씀드리면, 곤돌라에서 떨어지면 곤돌라 아무 곳이나 잡고 올라타면 안되요. 한 곳으로 무게가 쏠리면 곤돌라가 기우뚱 기울면서 곤돌라 안의 모든 사람들이 빠질 수가 있거든요.

한국에서는 곤돌리에의 연봉이 엄청난 수준인 것으로 알려졌어요.
많은 분들이 그렇게 알고 계시는데.. 떠도는 소문은 사실이 아닙니다. 하하. 과거에는 조금 더 괜찮았지만 지금은 그렇지 않아요. 베네치아에 수입 랭킹이 있다면 저희는 아마 10위 이하일 거예요.

마지막으로 루카가 운영하는 산타 마리아 델 질리오 선착장은 어떤 곳인지 말씀해 주세요.
유명한 관광지인 산 마르코 광장이나 리알토 다리 앞에 선착장이 있어서 저희가 위치상으로 누구나에게 최고라고 할 수는 없을 것 같아요. 하지만 산타 마리아 델 질리오는 여유롭고 아름다운 매력이 있어요. 특히 대운하의 산타 마리아 델 살루떼 성당으로 지는 노을은 매일이 감동이에요. 풍광이 너무 멋지죠. 럭셔리 컬렉션 호텔인 그리티 호텔도 바로 옆에 있고요.

멀리서만 보아왔던 곤돌리에. 그와 대화를 나누면서 곤돌리에라는 것에 대한 자부심과 함께 베네치아를 사랑하는 마음이 느껴졌다. 몇 대째 대를 이어 매일 같이 곤돌라에 오르고 노를 저으며, 베네치아 골목 구석구석을 누비는 곤돌리에. 이들이 없는 베네치아의 운하는 뭔가 빠진 듯 아쉬울 것만 같다. 베네치아의 아름다움을 완성하는데 빠질 수 없는 곤돌리에. 베네치아의 아름다운 전통을 지키며 살아가는 이들에게 새삼 감사해진다.

S.M. Del Giglio 산타 마리아 델 질리오 선착장
Ⓐ Calle Gritti, 30124 / 산타 마리아 델 질리오 역
Ⓗ 10:00~19:00 시즌 별 상이 Ⓟ 탑승 요금 €80/ 30분 (6명까지 탑승 가능) Ⓜ Map → ⑥-D-4

Daily Life in Venezia

베네치아 로컬들의 하루하루

2
PREVIEW

베네치아 본 섬은 약 4만5,000명의 주민이 살아가고, 하루 평균 약 6만 명의 사람들이 여행을 하는 곳이다. 늘 주민보다 관광객이 많은 도시인 셈. 하지만 이곳에서도 현지인의 삶은 이어진다. 1년 내내 관광객과 이웃사촌이 되는 베네치아인들도 여행자들과 함께 이야기하며 '일상을 여행 같이' 살아가기를 원한다.

> 유리 작품은 한 아이를 낳고 키우는 것과 같아요.
> 탄생까지 1,400도의 고온을 견뎌야 하고,
> 만들어진 후에도 깨지지 않게 하기 위해서
> 애지중지 하며 잘 보살펴야 하죠.

01 무라노, 세계 최고의 유리 작품을 만나다

'유리공예 섬'으로 더욱 유명한 무라노. 거리의 진지한 작품들 틈바구니에서 웃음이 나는, 재미있는 외계인 같은 유리 작품이 전시되어 있는 베렝고 스튜디오 1989Berengo Studio 1989를 발견했다. 유리 외계인 작품들과 눈을 마주치니 궁금증이 일고, 갤러리 곳곳의 작품들에서 괜스레 미소가 지어진다. 세계 최고의 유리 작품을 1,000년 전부터 만들어오고 있는 무라노에서 이런 재미있는 작품을 만드는 공방이라니.

본인 소개 부탁드립니다.
약 400년 동안 대대로 무라노를 지켜온 집안에서 태어났어요. 뼛속부터 무라노 사람인 셈이지요. 현재는 이곳 베렝고 스튜디오 1989에서 작품을 소개하는 일을 하고 있습니다.

무라노는 어떤 곳인가요?
사실 '유리공예 섬'으로 더욱 유명하죠. 세계 최고의 유리 작품을 약 1,000년 전부터 만들어오고 있는, 베네치아 본 섬만큼이나 볼거리가 가득한 곳입니다. 섬 곳곳의 거리와 갤러리에서 다양한 유리공예의 매력을 만나볼 수 있습니다.

평생을 유리와 함께 했는데, 본인이 생각하는 유리 공예의 매력은 무엇인가요?
불행히도 유리는 깨져요. 그리고 동시에 깨진다는 건 행운이기도 해요. 불행하다는 건 누구나 알겠죠? 유리는 깨지면 가치를 잃고 없어져요. 행운이라는 건, 유리가 깨진다는 점 때문에 유리를 사랑하는 사람이 많다는 거예요. 유리는 돌처럼 놔두면 되는 게 아니에요. 항상 보살피고 아껴주어야 하죠. 평생 소중히 여기지 않으면 이 작품은 끝나고 말아요. 유리공예 작품을 바라보는 데에는 개인의 취향과 삶의 철학이 반영되는 것 같아요. 어떤 사람은 유리가 깨지는 것에 대한 거부감이 있는 반면, 또 어떤 사람은 바로 그것에 매력을 느끼니까요.

유리공예에 대한 남다른 애정이 느껴지네요.
유리공예는 한 아이를 낳고 키우는 것과 같아요. 탄생까지 1,400도의 고온을 견뎌야 하고, 만들어진 후에도 깨지지 않게 하기 위해서 애지중지 하며 잘 보살펴야 하죠. 마에스트로는 작품을 판매하면 그 작품이 고객의 집에 가서 어떤 위치에 어떻게 놓여있는지 보고 싶어해요. 그래서 우리 공방의 한 마에스트로는 작품을 넘길 때 덧붙이기도 합니다. '전시된 사진을 부탁드립니다'라고. 내 자식이 어디서 어떻게 살고 있는지 늘 궁금해 하는 것과 비슷하지 않을까요?

'세계 최고'라는 수식어가 잘 어울립니다.
유리 작품을 사랑하는 사람이 모여 사는 곳이 이곳 무라노입니다. 1,000년이 넘는 세월 동안 마치 유리처럼 애지중지 보존하고 발전시키며 그 가치를 지켜왔어요. 물론 무라노를 찾아주신 많은 이들이 있기에 가능했습니다. 앞으로도 세계 최고의 명품 유리 작품을 만드는 곳이라는 수식어에 걸맞은 작품들로 더 많은 분들을 만나고 싶습니다.

평생을 무라노라는 조그마한 유리 섬에서 살아 온 파비오는 걸을 때도 마치 유리 작품 속을 걷는 듯 신중을 기하며 말을 이었다. 생각해보니 필자도 무라노에서 구매한 유리잔 두 개를 늘 애지중지하며 조심스럽게 닦아 사용한다. 깨지지 않는 플라스틱 컵과는 분명 다른 존재다.

PROFILE

Fabio

Ⓝ 파비오 Ⓙ 베렝고 스튜디오 1989 세일즈 디렉터

Berengo Studio 1989 베렝고 스튜디오 1989 (p.057)

02 도르소두로, 옛 모습에 취해 예술에 취해

> "여행자들이 이곳 베네치아를 아껴주고, 저희와 함께 이 공간을 즐겼으면 하는 바람이 가장 큽니다. 오래오래 지속적으로 함께 즐기면 좋을 것 같아요."

베네치아 남부의 우아한 도르소두로 길을 걷다 분위기에 취해 북바인딩을 하는 예술가의 가게에 들어갔다. 방금 전까지 3cm 정도 밖에 되지 않는 아주 조그마한 크기의 북바인딩을 마치고 돋보기 밖으로 눈을 비비며 나온 그. 전통적인 베네치아 방식대로 북바인딩을 해오고 있다는 이 예술가에게 호기심이 일었다.

PROFILE

Paolo

Ⓝ 파올로 Ⓙ 북바인더 & Il Pavone 대표

Il Pavone 일 파보네 (p.098)

수작업으로 책을 만든다는 것이 참 이색적이에요.
베네치아는 출판업이 가장 먼저 생겨난 곳이에요. 그래서 북바인딩과 판화 인쇄술 등이 발전했죠. 일 파보네는 수제로 노트, 엽서, 연필 등 탁상용품을 만들며 그 명맥을 잇고 있어요. 저 또한 그 전통을 이어 북바인딩을 하고 있습니다.

일 파보네가 위치한 도르소두로는 어떤 곳인가요?
이곳은 예술이 살아 숨쉬는 특별한 곳이에요. 예전에는 페기 구겐하임Peggy Guggenheim(1898~1979)과 종종 마주치곤 했어요. 우리 같이 조그마한 아트숍을 하는 사람들이나 작가들에게도 흥미를 보이곤 했어요. 먼저 말도 걸고요. 선물 같은 날들이 많았죠.
한 번은 가게 앞 카페에 커피를 마시러 갔는데, 페기를 만나러 온 한 화가를 만났어요. 함께 이야기를 나눴는데 아주 흥미로운 시간이었어요. 잊지 못할 귀한 경험이었죠.
페기 구겐하임 미술관이 생기며 예술을 사랑하는 여행자들이 이곳을 많이 찾게 되었고, 베네치아의 많은 예술가들도 이곳으로 공방을 옮기는 계기가 되었어요.

최근 베네치아를 찾는 '많은 여행자들'이 이슈가 되고 있는 것 같아요.
도르소두로에서 자랐고, 현재까지 북바인딩을 해오고 있어요. 하지만 제가 어릴 때와 지금이 많이 다른 것은 사실이에요. 그때는 사람들이 서로서로 다 알고 지내는 동네였어요. 그런데 지금은 관광지화 되어서 주민들이 인근 도시로 많이 떠날 수 밖에 없었어요. 물론 관광객이 많아져서 좋은 점도 많아요. 하지만 동네 이웃사촌이 없어지는 건 슬픈 일이에요. 도르소두로가 베네치아 중심가보다는 그렇지 않은 편이지만요. 로컬들의 삶이 존중 받고 보호받았으면 하는 마음이 큽니다.
우리가 관광객을 오지 못하게 하는 캠페인을 한다고 하는데, 사실과는 조금 달라요. 모든 사람들한테 그러는 건 절대로 아니에요. 여행자들이 이곳 베네치아를 아껴주고, 저희와 함께 이 공간을 즐겼으면 하는 바람이 가장 큽니다. 오래오래 지속적으로 함께 즐기면 좋을 것 같아요. 많은 이웃들이 떠났지만, 여전히 베네치아의 옛모습을 간직하고 있어요. 이 모습을 후대에도 그대로 물려줬으면 해요.

예술에 취해, 가볍게 흘러 가는 소운하의 물길에 취해, 광장에서 축구를 하는 아이들의 웃음 소리에 취해 천천히 발걸음을 옮길 수 있는 도르소두로. 공방에서 나와 거리의 아이들과 여행자들이 뒤섞인 거리를 걸으니 살아있는 도시 베네치아가 온몸으로 느껴진다.

03 게토, 이방인의 하루

필자는 베네치아 근교 빅토리오 베네토Vittorio Veneto라는 소도시에 살고 있다. 이 작은 도시의 사람들은 필자와 같은 이방인이 나타나기라도 하면 눈을 마주칠 때까지 기다리다, '챠오Ciao' 하고 땡잡았다는 듯이 인사를 건넨다. 원활하진 않지만 이탈리아어 반 영어 반 섞어가며 열심히 이야기 나누다보면 왠지 이 커뮤니티의 구성원이 된 것 같은 느낌이 든다.
하지만 베네치아는 언제나 거주자보다 관광객이 더 많은 도시. 이런 이방인에 대한 호기심을 기대하기 어렵다. 그러나 최근 유대인 거주 지역인 게토를 여행하며, 여행자에 대한 소도시의 풋풋함과 호기심 어린 눈빛을 느꼈다.
베네치아의 만년 이방인 유대인으로서, 오늘날의 이방인인 여행자와 서로의 문화를 나누고 싶어하는, 그런 눈빛이 마주친 대화. 게토를 '스윽' 둘러보다 알록달록한 색감의 고양이 그림에 절로 기분이 좋아져 한 갤러리에 들어섰다.

> " 본래 베네치아는 오히려 이렇게 허름하고 군데군데 문방구도 있는 작은 마을 같은 곳이었어요. 게토는 그런 매력을 느끼기에 좋은 곳이 아닐까 싶어요.

PROFILE

Allon

N 알론   J The Studio in Venice 대표

The Studio in Venice 더 스튜디오 인 베니스 (p.045)

게토 지역은 베네치아하면 떠오르는 '화려함'과는 거리가 조금 있는 것 같아요.
맞아요. 내 생각에는 게토가 그런 느낌이 드는 게 그 뭐예요. 크고 비싼 브랜드들, 샤...눌, 슈...늘? ("아, 샤넬이요?") 네네. 샤넬, 그리고 하드록 카페 같은 브랜드들이 없어서 그런 것 같아요. 그건 본래의 베네치아가 아니에요. 본래 베네치아는 오히려 이렇게 허름하고, 군데군데 문방구도 있는 작은 마을 같은 곳이었어요. 아마 게토의 이런 매력을 느끼지 않았을까 싶어요.

게토 지역이 세계 최초의 유대인 거주 지역이라 들었어요.
네. 우리는 여기서 천 년이 넘는 세월을 함께 살아왔어요. 하지만 사실 역사의 한 줄로 남는 것도 어려워요. 많이들 알다시피 우리는 떠돌이잖아요. 이 부분에서는 아쉬움이 있어요. 하지만 감정적으로 교류되는 건 있는 것 같아요. 현재에도 게토 전역에서 그 분위기를 느낄 수 있어요. 게토 곳곳에 유대인과 게토 지역을 주제로 한 기념품이나 물건들을 파는 많은 숍들을 만나볼 수 있죠.

이야기를 한참 나누다 보니 한 부부가 들어왔다. 그들은 유대인 부부로 현재 캐나다에 살고 있단다. 자신들의 집 거실에 걸어두고 싶다며 게토 지역을 예쁘게 그린 그림을 몇 장을 고른 그들은 할아버지에게 "게토와 유대인의 문화를 담은 예쁜 가게를 잘 운영해주고 있어 감사하다"는 인사를 전했다. 민족이 함께 모여 살지 못해서일까? 오히려 이들이 나누는 민족 간 유대감에 더욱 끈끈함이 느껴졌다.

베네치아의 겨울은 안개가 정말 많은 것 같아요. 햇살이 비추면 더 예쁠 텐데 말이에요.
나는 이런 날씨가 더 좋아요. 안개 낀 베네치아. 뭔가 낭만적이지 않아요? 맑은 날에는 이런 기분을 느낄 수 없어요. 이런 낭만이 바로 게토만의 매력이기도 해요.

안개 낀 베네치아, 햇살이 비추는 베네치아. 다양한 생각과 문화를 가진 사람들이 모자이크처럼 함께 모여 살았던 이 도시. 밖으로 나오니 여러 나라에서 온 여행자들이 보인다. 지금 우리는 이렇게 섞여 또 다른 베네치아의 모습을 만들어가고 있다.

SPOTS TO GO TO

베네치아 여행의 시작인 산타 루치아 역에서 내려 베네치아 본 섬을 마주하는 순간,
햇빛에 반짝반짝 빛나며 일렁이는 운하, 바다에 맞닿아 있는 우아한 건물들 그리고 유유히 떠가는 곤돌라까지.
비현실적으로 아름다운 이 도시의 모습에 마음을 빼앗기게 된다. 1,500년 역사의 살아있는 도시가 뿜어내는 우아함,
그리고 세계 각지에서 모인 여행자들이 발산하는 활기참이 가득하다.
이 도시에는 어떤 삶이 있을까? 이 도시에는 어떤 이야기가 숨겨져 있을까?

01

PONTE DI RIALTO 리알토 다리 주변 :
중세 유럽의 월스트리트

02

PIAZZA SAN MARCO 산 마르코 광장 :
베네치아의 정치의 중심

SPECIAL

LIKE A MOVIE, VENEZIA :
한 편의 영화처럼, 베네치아

THEME

THE GRAND CANAL :
대운하 따라 즐기는 베네치아

THEME

VENETIAN PERFORMANCE :
흥부자 베네치아

05

MURANO 무라노
유리 작품의 세계로

03

SESTIERE DORSODURO 도르소두로 지구 :
베네치아의 소호

04

SESTIERE GHETTO 게토 지구 :
베네치아 속 또 다른 베네치아

06

BURANO 부라노 :
알록달록 동화 속 마을

PONTE DI RIALTO & AROUND : Wall Street in Medieval Europe

리알토 다리 주변 : 중세 유럽의 월스트리트

베네치아 사람들은 아드리아해를 따라 지금의 터키, 그리스 등의 나라들과 교역하며 베네치아를 지중해 최고의 무역 시장으로 만들었다. 갯벌에 나무를 박아 넣어 피난처를 만든지 불과 반 세기 만에 부강한 나라를 일군 그들. 그 산업의 역군인 '베니스의 상인'들의 주 활동 무대가 바로 리알토 다리 부근이었다. 그 삶의 현장을 느낄 수 있는 스폿들을 만나보자.

[1] Ponte di Rialto
리알토 다리

Ⓐ Ponte di Rialto, 30125
Ⓜ Map → ④-B-4

왼손과 오른손에 벙어리 장갑을 끼고 마주 잡은 모양을 하고 있는 베네치아. 이 양손 사이를 가로지르는 대운하를 건널 수 있었던 유일한 다리가 바로 리알토 다리였다. 본래 나무 다리였는데 통행량이 많아 다리가 부러지는 등 사고가 빈번하자 15세기에 석조 다리 교체 공사를 시작했다. 당시 건축가를 선정하는 공고에 미켈란젤로, 팔라디오 등 쟁쟁한 예술가들이 응모했는데, 베네치아 출신의 안토니오 다 폰테의 설계 안이 선정되었다. 그는 베네치아 출신 답게 대형 무역선이 다리 아래를 지날 수 있도록 아치를 높게 올리고, 다리 위에 상점을 배치하는 등의 실용성과 함께 다리 정상에서 바라보는 아름다운 운하 뷰까지 표현해냈다. 두 마리 토끼를 모두 잡은 것. 1591년 완성되어 아직까지도 안전상의 보수 공사를 필요로 하지 않은 튼튼한 다리이다.

> **Tip. 수상버스 100% 즐기는 방법**
>
> 수상버스의 끝 부분에는 대부분 야외석이 있다. 날씨가 좋다면 이곳으로 나가보자. 시원한 바람과 함께 운하 도시 베네치아의 매력적인 모습을 온전히 느낄 수 있다.

Photo Zone.
다리 정상에서 바라보는 아름다운 대운하를 배경으로 한 베네치아 인증샷도 빠트릴 수 없다.

01 대운하를 잇는 첫 번째 다리

베네치아의 150여 개 운하를 촘촘하게 엮어주는 다리의 수는 총 400여 개. 그 중 4개의 다리가 대운하를 지나는데 가장 먼저 건설된 다리가 바로 리알토 다리이다. 외에 아카데미아 다리, 스칼치 다리, 콘스티투지오네 다리가 있다.

02 대형 무역선도 통행 가능했던 7.5m의 아치

아치의 가장 높은 부분은 무려 7.5m. 덕분에 대형 무역선도 지날 수 있었다. 기존 나무 다리는 무역선이 오갈 때마다 수동으로 다리를 개폐했어야 했는데 그 수고를 덜어준 것. 당시만 해도 아치형의 다리를 설계하는 것이 어려워 안토니오 다 폰테가 악마와의 협정으로 다리를 완성했다는 재미있는 이야기도 전해진다.

03 다리 위에 자리한 2열 상점

다리 위에는 상점이 왼쪽과 오른쪽에 2열로 배치되어 다리를 '건넌다'라기 보다 길이 연장되어 있는 느낌을 준다. 섬이라는 한정된 공간에서 생활했던 베네치아 사람들에게는 다리로 인한 공간의 단절보다는 넓게 펼쳐지는 공간감이 중요했었다.

[2] Campo San Giacomo di Rialto
산 자코모 디 리알토 캄포

Ⓐ Ponte di Rialto, 30125 / 리알토 다리에서 도보 2분
Ⓜ Map → ④-A-3

베네치아에서 가장 오래된 성당인 산 자코모 성당 앞의 광장. 이곳은 금융업이 세계 최초로 이루어지기도 한 베네치아 금융의 중심지였다. 마치 지금의 뉴욕처럼 외국인들이 가득해 코스모폴리탄 도시의 풍경을 자아냈던, 베네치아의 핫한 미팅 포인트였던 곳.

a. Chiesa di San Giacomo di Rialto
산 자코모 성당

베네치아 본 섬에서 가장 오래된 성당. 성당을 마주하면 아무 말 없이 카메라부터 꺼내게 되는, 오랜 역사를 체감할 수 있는 곳이다. 421년 3월 25일 축성된 것으로 추측되는데, 성당이 완공된 이 날을 베네치아 건국일로 지정, 기념하고 있다. 성당 앞 면에는 12세기에 추가로 제작된 시침만 있는 시계가 있다. 성당 주변으로 무역 시장 등 상권이 발달해 은행 및 금융업이 생겨났는데, 이 시계를 이용해 개점, 폐점 시간을 지켰다고.

Ⓐ Chiesa San Giacomo di Rialto, San Polo 135, 30125 / 리알토 다리에서 도보 2분 Ⓜ Map → ④-A-3

아담한 매력이 물씬 풍기는 베네치아에서 가장 오래된 성당으로 들어가보자. 베네치아 출신의 음악가 비발디가 활동하던 17~18세기에 제작된 세계 최고의 현악기들과 악보가 전시되어있다. 입장료가 무료이니 부담 없이 들어가보되, 아직도 미사를 보는 성당으로 사용 되고 있으니 성당 안에서는 예절을 지키는 센스를 보이자.

Tip. 분수대의 물

베네치아 캄포에서 자주 보게 되는 분수. 이 물은 식수로 마실 수 있도록 베네치아시에서 관리해 안심하고 마셔도 좋지만, 낯선 여행지에서 '물'에 탈이 난 경험이 있다면 안전하게 식수를 마시는 것을 추천한다. 식당이나 바Bar에서는 500ml에 약 1.5~3유로, Coop 혹은 마트는 0.5유로 정도.

 Photo Zone.
오스테리아 방코지로 아치 아래에서 자연스럽게 걸으면서 찰칵.

b. Osteria Bancogiro
오스테리아 방코지로

방코지로는 베네치아 국가 은행으로 화폐를 발행하고 환전을 책임지는 곳이었다. 지중해 무역의 최대 시장이 열린 베네치아에서 발생하는 현금 거래의 불편함을 없애고자 세계 최초로 신용 대부와 은행 대출이 시작된 역사적인 곳이기도 하다. 현재까지 사용되는 지로 용지의 전신도 이 곳에서 생겨났다. '방코Banco'는 은행 '뱅크Bank'의 어원이고, '지로Giro'는 그리스어로 회전을 뜻하는 'Gyros'에서 파생되었다. 현재는 대운하를 바라보며 커피, 치케티 혹은 식사를 할 수 있는 오스테리아로 바뀌었다. 세계 최초의 금융 시장이 열렸던 이 곳에서 커피 한 잔을 즐겨도 좋겠다.

Ⓐ Campo San Giacometto, 122, 30125 Rialto / 리알토 다리에서 도보 2분
Ⓗ 화~일 09:00~24:00, 월 휴무 Ⓟ 에스프레소 €1 Ⓜ Map → ④-A-3

Plus.

'Bankrupt 파산' 단어의 발생지
과거 유럽에서는 은행을 회사가 아닌 개인이 주로 탁자를 두고 운영했다. 이 탁자를 라틴어로 'Banco'라고 하는데, 은행을 뜻하는 'Bank'는 여기서 유래되었다. 또한 은행이 파산했을 때, 액운을 떨쳐버리기 위해 영업소 격인 탁자를 깨부쉈는데, '탁자를 깨부수다'라는 의미인 'Bankrupt'도 여기서 만들어졌고, 나아가 '파산하다'라는 뜻을 가진 단어가 되었다.

Il Gobbo di Rialto 리알토의 꼽추
과거 베네치아에서는 뉴스가 궁금하면 바로 이곳 '리알토의 꼽추' 앞으로 와야 했다. 사람들이 언제나 많이 모이던 산 자코모 성당 주변은 뉴스를 전달하기 가장 좋았던 곳. 꼽추가 받들고 있는 계단으로 올라가 바뀐 법률과 재판의 결과 등 중요한 소식을 소리쳐 전했다.

Ⓐ Campo S. Giacomo di Rialto, 30125
Ⓜ Map → ④-A-3

Writer's Pick in Rialto

리알토 주변에서 현지인처럼 여행을! 리알토 주변은 늘 로컬 사람들이 모이는 공간인 만큼 현지인처럼 '살아보는' 여행을 할 수 있는 곳이기도 하다. 활기찬 리알토 시장을 구경하고, 커피와 스프리츠를 즐긴 후 트라게토를 타고 대운하를 건너보자. 여행을 일상처럼, 일상을 여행처럼. 베네치아인들의 라이프스타일을 따라 고고!

PICK 1. 현지인들의 편리한 운송 수단

Traghetto
트라게토

트라게토는 대운하의 좌우를 가로지르는 편리한 운송 수단이다. 곤돌라와 비슷하게 생겼지만 약 700m 정도 되는 대운하를 가로지르는 용도로만 사용된다. 많은 사람을 운송해야 하기 때문에 2명의 곤돌리에가 노를 젓는다. 시내버스처럼 서서 타기도 하고, 앉아서 탑승할 수도 있다. 리알토 마켓 트라게토 선착장인 Traghetto S.Sofia에서 탑승하면 맞은편 카도로Ca' d'Oro에 도착.

Ⓐ Fondamenta de le Prigioni, 30125 / 리알토 마켓 앞
Ⓗ 월~토 07:30~20:00, 일 08:45~19:00
Ⓟ €2 (관광객 기준)　Ⓜ Map → ④-A-3

PICK 2. 달콤한 아침 식사

Dolce Vita Coffee
돌체 비타 커피 (p.065)

이른 아침 장을 보러 나온 주민, 상인들과 뒤섞여 달콤한 파스티치니(조각 케이크)와 신선한 커피를 맛보자. 카페 내에서 새벽 4시부터 베이킹을 하기 때문에 언제나 맛있는 빵 굽는 냄새가 가득하다. 테이블 없이 스탠딩으로 간단하게 마시며 즐기는 곳.

PICK 3. 이탈리아 식재료 쇼핑

Drogheria Mascari
드로게리아 마스카리 (p.099)

베네치아에서 가장 오래된 그루멧 마켓. 16세기 지중해 최대의 향신료 마켓이었던 Calle degli Spezieri(향신료 상인들의 길)에 위치해 있다. 50여 개의 향신료부터 트러플, 와인, 발사믹 등 이탈리아 요리에 사용되는 각종 식재료 등을 구매할 수 있는 곳.

PICK 4. 스프리츠 즐기기

Al Mercà
알 메르카 (p.087)

리알토 마켓 끝자락에 위치한 알 메르카. 테이크아웃으로 와인과 치케티를 판매한다. 가게 앞 광장은 아침부터 한 손엔 와인을 한 손엔 치케티를 들고 수다 삼매경에 빠져있는 사람들로 가득. 가격이 저렴하고 치케티 또한 훌륭해 출출함을 달래주기 안성맞춤.

| 3 | **Mercato di Rialto**
리알토 마켓

베네치아의 활기찬 아침을 느끼고 싶다면 향해야 하는 이 곳, 베네치아에서 가장 큰 전통시장인 리알토 마켓이다. 아드리아해서 갓 잡아올린 싱싱한 해산물과 이탈리아 각 지역에서 공수한 채소와 과일들을 만나볼 수 있다. 생선을 다듬고 있는 어부와 상인들, 장보는 현지인들, 구경하는 여행자들이 어우러져 시장 특유의 활기참을 느낄 수 있다.

Ⓐ Calle de la Pescaria, 30122 / 리알토 마켓 역에서 도보 1분
Ⓗ **어시장** 화~토 07:30~12:00, 일/월 휴무
청과 시장 월~토 07:30~13:30, 일 휴무
Ⓜ Map → ④-A-3

> **Tip.**
>
> **베네치아 마켓에서는 kg 단위로**
> 대부분의 생선, 고기, 과일 등은 kg 단위로 판매한다. 적혀 있는 가격도 kg 단위.

a.
Mercato del Pesce
리알토 어시장

매일 새벽, 베네치아 주변 아드리아해에서 갓 잡아 올린 해산물들이 속속 도착한다. 우리에게 친숙한 고등어와 새우부터 어마무시한 칼날을 가진 황새치까지 구경하는 재미가 쏠쏠하다. 싱싱한 생선을 사러 나온 현지인들과 안부 인사를 주고 받는 상인들, 그 사이 몰래 생선 한 조각을 날름 가져가는 기러기까지, 모두 리알토 시장의 주인공들이다. 오전에만 장이 서기 때문에 12시 이후는 파장 분위기. 활기찬 시장 분위기를 느끼고 싶다면 조금 서둘러 아침 8~10시 사이 방문하자.

리알토 어시장에서 볼 수 있는 아드리아해의 신선한 생선들

리알토 어시장에서는 고등어, 아구, 오징어부터 아드리아해에서만 볼 수 있는 독특한 생선 등 다양한 해산물을 찾아볼 수 있다. 주방이 있는 숙소를 렌트했다면 리알토 시장의 신선한 생선으로 근사한 저녁을 준비해보는 것은 어떨까? 신선한 제철 생선을 눈여겨 봐두었다가 레스토랑에서 주문해도 좋다.

Alice 알리체(엔초비)
베네치아인들이 즐겨 먹는 생선 중 하나인 엔초비. 아드리아해를 비롯해 이탈리아 전역에서 가장 많이 잡히는 생선 중 하나로 시장 어디서나 찾아볼 수 있다. 주로 튀기거나, 베네치아 전통 음식인 비골리 인 살사Bigoli in salsa(엔초비 소스 파스타)를 만들어 먹는다.

Seppia 세피아(갑오징어)
아드리아해에서 잡히는 갑오징어는 특히 맛이 좋아 베네치아인들이 사랑하는 식재료 중 하나이다. 신선한 갑오징어 먹물과 마늘, 방울 토마토 등을 넣어 만든 오징어 파스타와 리조또는 베네치아에서 꼭 맛보아야 할 음식. 갑오징어는 깊은 곳에 살지만, 산란철에 알을 낳기 위해 베네치아 석호 근처로 이주한다. 이때만 맛볼 수 있는 '바다의 포도알' 갑오징어 알 요리도 별미.

Canestrello 카네스트렐로(가리비)
베네치아 인근 해역인 아드리아해의 북쪽 부근에서 많이 잡히는 가리비. 그야말로 산지 직송이다. 바로 요리할 수 있도록 깔끔하게 손질되어 있는 가리비도 판매한다. 올리브오일과 소금, 후추를 솔솔 뿌려 오븐에만 구워 주면 최고의 요리가 탄생한다.

Moleca 모렝게(게)
이른 봄과 가을, 잠깐의 기간에만 볼 수 있는 초록빛이 감도는 작은 게. 주로 얇은 튀김옷을 입혀 튀김 요리로 낸다. 게 딱지까지 함께 튀기는데, 얇은 튀김 옷과 부드러운 게딱지가 어우러져 바삭하고도 부드러운 식감을 자랑하는 별미. 허물을 막 벗은 게만 사용해 이른 봄과 가을에만 맛볼 수 있다.

Scampi 스캄피(다양한 새우들)
리알토 수산물 시장의 상인들이 가장 공을 들이는 것은 바로 새벽 3시부터 시작되는 새우를 다듬는 일이다. 우리나라에서 찾아보기 힘든 새우 종류들도 있어 구경하는 재미가 있다.

Scampo 스캄포 : 미니 로브스터처럼 새우에 큰 집게가 달렸다. 주로 그릴에 구워 먹거나 해산물 파스타에 쓰인다.

Canocchia 카노끼야 : 선사시대에서나 볼 수 있을 법한 지네 같이 못 생긴 생선. 하지만 맛은 바다를 가득 담은 진한 맛으로 매력적이다. 카노체를 넣고 토마토 소스를 뭉근하게 만들면 바다 향이 솔솔 풍겨온다.

Tip. 잠깐의 이탈리아어!

이탈리아 사람들은 웃음이 많고 이야기 하기를 좋아한다. 틀려도 좋다. 쑥스럽지만 시도해보자. 틀림 없이 서로 즐겁게 웃게 될 것! :)
얼마예요? : Quando Costa? 콴도 코스타?
100g 주세요 : Cento Grami, Per favore. 첸토 그라미, 페르 파보레.

b.
Mercato Ortofrutticolo (Erbaria)
리알토 청과 시장

이탈리아 전 지역에서 생산되는 신선한 채소와 과일이 대운하를 따라 모이는 곳. 세로로 긴 모양의 이탈리아는 각 지역마다 다양한 기후를 가지고 있어 여러 과일과 채소가 생산된다. 레몬과 딸기 등 컬러한 과일과 채소들을 예쁘게 디스플레이 해둔 솜씨에 보고만 있어도 행복해지는 시장이다. 달콤한 납작 복숭아와 딸기 등 먹기 쉬운 과일을 한 봉지 사 들고 시장을 탐험해보는 것도 좋겠다. 매주 토요일에는 조그미힌 꽃가게 노점도 열린다. 한아름씩 꽃을 사가는 사람들로 시장은 토요일마다 더 싱그러워진다.

Tip.

베네치아가 속한 베네토 지역에서 가장 사랑 받는 채소 중 하나 라디쿄Radicchio. 제철인 가을이 되면 베네치아 인근 소도시들에서는 라디쿄 축제를 열기도 한다. 약간 쓴 맛이 감도는 배추 맛으로 스파게티, 리조또, 그릴 등의 많은 요리에 두루 쓰인다.

Plus.

베네치아의 어업 단속

리알토 어시장 로제 델라 페스카리아Logge della Pescaria 벽면의 수수께끼 같은 비문. Barbon(고등어) 7… Branzin(농어) 12. 베네치아 사람들에게 생선은 중요한 식재료였다. 이 비문은 치어를 보호하는 엄격한 법을 새긴 것으로, 생선 종류와 판매가 가능한 최소 크기를 알 수 있다. 왼쪽은 생선의 종류, 오른쪽은 사이즈. 이 사이즈보다 작은 생선을 판매할 시에는 벌금을 물어야 했다.

옛 베네치아 간판의 모습

과거 리알토 주변은 상업의 중심지로 상인, 수공업자, 학교 등이 모여 있어 자연스럽게 길드(협동 조합)가 형성되었다. 이들은 각 단체의 특징을 담아 건물 기둥에 간판을 만들었다. 복숭아 모양의 부조는 과일 가게가, 멀베리 나무가 있던 곳은 실크를 판매했던 곳이었다. 이 밖에도 와인 배럴, 파인애플 등의 부조가 베네치아 곳곳에 있으니 탐정이 된 듯한 기분으로 이곳저곳을 탐험해보자.

Ⓐ Ruga dei Spezier, San Polo, 379 / 리알토 마켓 역에서 도보 2분

4 Around Mercerie

Ponte di Rialto

상인의 거리
(리알토 다리 ~ 산 마르코 광장)

ⓐ 리알토 다리 ~ 산 마르코 광장
Ⓜ Map → ④-B-4, ⑥-E-3

베네치아의 핵심 지역인 리알토 다리와 산 마르코 광장을 잇는 이 거리는 '상인의 거리'로 불렸다. 과거에는 베네치아에 온 각국의 상인들이, 오늘날에는 전 세계의 여행자가 이 거리를 가득 메우고 있다. 사람이 있는 곳에 쇼핑이 있는 법! 사심 가득 이탈리아 브랜드 추천.

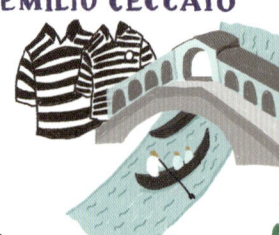

a. Fontego dei Tedeschi
폰테고 데이 테데스키 (독일 상관)

ⓐ Fontego dei Tedeschi, Calle del, Rialto Bridge, 30100 / 리알토 다리에서 도보 1분
ⓗ 매일 10:00~20:00 Ⓜ Map → ④-B-4

1228년 지어진, 무역상으로 활동하던 독일 상인 200여 명이 거주하던 곳으로 1층은 주로 창고로, 2층부터는 오피스와 주거 공간 등으로 활용되었다. 현재는 면세점으로 화려하게 변신했는데, 옛 흔적을 최대한 보존하며 리모델링해 고풍스럽고 우아한 분위기에서 쇼핑의 기쁨을 누릴 수 있다. 트렌디한 명품 의류와 가방부터 이탈리아 고급 식재료와 베네치아 기념품까지 한 번에 쇼핑이 가능한 곳. 백화점 형식으로 모든 매장이 오픈되어 있어 편안하게 아이 쇼핑을 즐기기에도 좋다. 로드 숍에서는 단일 매장에서 158유로가 넘어야 텍스 리펀을 받을 수 있지만, 이곳에서는 안내 데스크에서 구매한 모든 물건을 합산하여 받을 수 있다.

> **Tip.**
> 4층 테라스에서 바라보는 베네치아의 전망이 일품이다. 특히 리알토 다리 바로 옆에 위치해 있어 대운하 뷰가 아름답다.
> 누구나 올라가 관람할 수 있도록 오픈되어 있는데 안전상의 이유로 한 번에 80명씩 입장해 15분 동안 관람할 수 있다. 성수기에는 입장 줄이 길어 사전 예약 시스템이 도입되었다. 방문 15일 전부터 웹사이트 혹은 건물 내부 3층과 4층에 설치된 태블릿에서 할 수 있다. 예약 시간을 지키지 않을 경우 자동으로 취소되므로 놓치지 않도록 하자.

**b.
Emilio Ceccato 에밀리오 체카토 (p.097)**

베네치아 곤돌리에들의 전통 유니폼을 비롯해 모자 등 액세서리를
판매하는 공식 스토어로 수익금은 곤돌라 전통 문화 보존을 위해
베네치아 곤돌라 학교와 곤돌라 메이커 등에 기부된다.

**c.
Materialmente 마테리알멘테 (p.094)**

베네치아 출신 작가들이 손수 만든 작품과 액세서리를
판매하는 갤러리 겸 숍. 은과 동 등 금속을 사용해 만든
작품들이 전시된 공간을 천천히 살펴보면 동화 속 꿈나라를
여행하는 듯한 느낌에 절로 미소가 지어진다.

**d.
Bialetti 비알레티 (p.093)**

이탈리아 사람들의 일상 필수품인 모카포트를
만나볼 수 있는 곳. 카푸치노의 우유 거품을
좋아한다면 수동이지만 의외로 쫀쫀한 우유 거품이
만들어지는 거품기도 잊지 말자.

e. Benetton 베네통
베네토 지역의 대표 브랜드로 매우 저렴한
가격이 장점.

f. La Perla 라 페르라
이탈리아 럭셔리 란제리 브랜드.
청담동에 플래그십 스토어가 있다.

j. Calzedonia 칼제도니아
스타킹, 양말 전문 브랜드. 다양한 디자인과
좋은 소재로 애용하는 곳.

h. Piquadro 피콰드로
수납 공간이 좋아 노트북 가방으로 유명한
이탈리아 가죽 가방 브랜드.

i. Pinko 핑코
통통 튀고 개성 있는 디자인으로 인기 상승 중.

j. Pandora 판도라
곤돌라, 가면 등 베네치아에서만
구매할 수 있는 팔찌 참이 있다.

k. MaxMara 막스마라
한국보다 착한 가격에 놀란다. 놓치기 아까운 곳.

l. Pollini 폴리니
가죽 신발로 유명한 이탈리아 가죽 브랜드.

Tip.
상인의 거리는 여행객이 언제나
많이 몰리는 좁은 길. 소매치기
우범 지대이니 각별히 조심하자.

PIAZZA SAN MARCO :
The Center of Venetian Politics

산 마르코 광장 : 베네치아 정치의 중심

Tip. 소광장과 두 개 기둥

베네치아의 입구와도 같았던 두칼레 궁전 앞의 소광장. 이곳은 과거 베네치아 국가 공식 행사가 치루어지기도 하고 정치범 등의 공개 처형을 집행하는 장소로 쓰이기도 했다. 광장 안에는 두 개의 기둥이 놓여있는데, 왼쪽 기둥 위에는 베네치아의 수호 성인 산 마르코 성인을 상징화한 날개 달린 사자가, 오른편에는 초대 수호 성인 성 테오도로의 상이 놓여 있다. 기둥을 지나면 '바다 위 도시 베네치아'를 느낄 수 있는 아름다운 스키아보니 해변에 도착한다. 이곳부터 베네치아 쟈르디니 역까지 이어지는 아름다운 거리는 저자가 가장 애정하는 베네치아의 산책길이다.

베네치아에 왔다면 누구나 한 번쯤 들르게 되는 '베네치아의 심장' 산 마르코 광장.

베네치아 정치의 중심지임과 동시에 화려했던 문화와 경제의 힘을 보여줄 수 있는 건물들이 가득하다. 여기에 넓게 펼쳐진 바다가 만나 세상 어디에도 없는 아름다운 광장의 모습을 이루고 있다. 과거 사람들은 베네치아를 '라 세레니시마La Serenissima', 가장 평화롭고 고귀한 공화국이라고 불렀다. 훈족을 피해 갯벌 지대로 피난 와 특유의 개척 정신으로 유럽에서 가장 부강한 나라를 만들고, 1,500년이라는 오랜 세월 동안 전쟁 없는 평화로운 베네치아 공화국을 만들어 냈던 그 힘을 느낄 수 있는 곳, 아름다운 산 마르코 광장.

산 마르코 광장 5대 하이라이트

미로 같은 좁은 베네치아의 골목길을 헤치고 나오니, 반전처럼 확 트인 햇살이 비추는 산 마르코 광장이 나온다. 광장의 카페들에서 연주되는 클래식 선율을 들으며 광장을 걸어보자. 낭만적인 문화가 가득했던 과거의 베네치아로 돌아간 것만 같은 기분이 든다. 여러 시대의 건축과 다양한 나라의 문화가 조화롭게 뒤섞여 이루어진 산 마르코 광장에서 꼭 즐겨야 할 5대 하이라이트.

Plus. Campanile di San Marco 종탑

99m로 베네치아에서 가장 높은 종탑이자 전망대. 엘레베이터를 타고 올라가면 아드리아해에 펼쳐진 베네치아가 한눈에 들어온다. 날씨가 맑은 날에는 병풍처럼 펼쳐진 돌로미테 산맥까지 덤으로 볼 수 있다. 과거 등대와 감옥 등 다양한 용도로 쓰였고, 갈릴레오 갈릴레이가 1609년 도제에게 이곳에서 망원경을 시연 했던 곳으로도 유명하다. 세계에서 가장 오래된 종탑 중 하나였던 이 탑은 1902년 갑작스럽게 무너졌다. 이후 약 10년간의 공사를 거쳐 과거와 동일한 외관과 더불어 내부에 엘레베이터를 설치해 복원하게 되었다.

Ⓐ Piazza San Marco, 30124 / 산 마르코 광장 Ⓗ **4/1~15** 09:00~17:30, **4/16~9/30** 08:30~21:00, **10/1~27** 09:30~18:00, **10/28~3/31** 09:30~16:45, **1/7~23** 운영 중단(티켓 발권은 종료 15분 전까지 가능) Ⓟ 입장료 €8, 6~18세 €4 Ⓜ Map → ⑥-E-3

1 Basilica di San Marco
산 마르코 성당

산 마르코 광장에서 가장 먼저 시선을 사로잡는 산 마르코 성당. 동방과 서방의 문화가 만나는 중심지였던 베네치아답게 비잔틴과 이탈리아 건축 양식이 뒤섞여 묘한 이국적인 아름다움을 풍긴다. 823년부터 크고 작은 보수공사를 거쳐 1807년 지금의 모습을 갖추게 되었다. 외부를 천천히 보고 있으면 흥미로운 조각들이 많다. 사람들의 직업과 달(Month) 등 부조들을 숨은 그림 찾기 하듯 찾아보자.

Ⓐ Piazza San Marco, 328, 30100 / 산 마르코 광장
Ⓗ 월~토 09:30~17:00, 일 14:00~17:00, 마지막 입장 가능 시간 16:45(성수기 기준)
Ⓟ 입장료 무료   Ⓜ Map → ⑥-E-3

Behind Story.

산 마르코 성당을 든든하게 지켜주고 있는 4마리의 청동 말 콰드리카. 말들의 단련된 근육에서 그 힘이 느껴진다. 4세기경 만들어진 이 청동 말은 전쟁 시마다 힘의 상징이 되어 전리품으로 승자의 나라로 옮겨졌다. 베네치아가 1204년 4차 십자군 전쟁 승리의 전리품으로 콘스탄티노플에서 가져와 산 마르코 성당 전면에 세워두었는데, 이후 1797년 나폴레옹이 베네치아 침략 후 프랑스로 가져가 파리 개선문 위에 세워두게 된다. 1815년 베네치아가 다시 반환되면서 4마리의 청동 말도 본래 자리인 산 마르코 성당으로 올 수 있었다. 이후 보존을 위해 진품은 박물관으로 옮기고, 복제품을 만들어 산 마르코 성당 외부에 두고 있다. 이 콰드리카에 얽힌 이야기가 영화 <인페르노>에서 흥미롭게 전개된다. 베네치아를 여행하기 전 감상한다면 더욱 재미있는 산 마르코 광장에서의 시간을 보낼 수 있을 것.

01 외부 모자이크

첩보전을 방불케 한 마르코 성인 유해 모셔오기 작전! 중세 시대에는 유명 성인의 유물이나 유해를 보유하고 있는 것이 그 나라의 종교적 힘과 문화를 상징하는 것이기도 했다. 베네치아의 1대 수호 성인은 성 테오도로였다. 국력이 강해지면서 더 명성 있는 수호 성인을 모시고 싶었던 베네치아 사람들은 호시탐탐 그 기회를 노렸다. 본래 마르코 성인의 유해는 이집트 알렉산드리아의 한 수도원에 모셔져 있었다. 800년경, 이집트에서는 가톨릭에 대한 탄압이 가해졌고, 마르코 성인의 유해가 유실될 수 있는 상황이 계속되었다. 이 틈을 타 베네치아 상인 2명이 수도원에 찾아간다. "마르코의 유해를 저희가 안전한 베네치아로 모셔가겠습니다. 저희가 무사히 보존하겠습니다." 이렇게 마르코의 유해를 수도원에서 가지고 나온 상인은 몰래 이집트 세관을 통과해 베네치아로 들어오게 된다. 이 과정이 산 마르코 성당 4개의 아치에 모자이크로 표현되어 있다. 그 중 오른쪽의 모자이크가 흥미롭다. 마르코 성인의 유해와 함께 이집트 세관을 통과하는 장면, 마치 첩보전을 방불케 한다. 가운데 터번을 쓴 이집트 세관의 모습을 보자. 코를 막고 손사래를 치고 있다. 어떻게 된 일일까? 세관을 속이고 마르코 성인의 유해를 옮겨야 했던 상인은 한가지 꾀를 내었다. 마르코 성인의 유해를 바구니에 눕히고 위에 이슬람 사람들이 먹지 못하는 돼지 고기를 마구 덮어 옮긴 것. 이런 작전 덕분에 무사히 이집트로부터 유해를 옮겨올 수 있게 되었다. 이후 산 마르코 성인의 유해를 모시기 위해 지어진 성당이 바로 이 산 마르코 성당이다.

02 내부 뮤지엄

산 마르코 성당 2층에 자리하고 있는 뮤지엄. 성당의 변화 과정과 성당 외부와 내부 벽, 천장 등을 장식하고 있는 모자이크 제작 방법 그리고 산 마르코 성당을 용맹하게 지켜주고 있는 4마리의 전차를 이끄는 말 콰드리카의 진품을 볼 수 있다. 이 뮤지엄의 하이라이트는 바로 산 마르코 광장의 아름다운 뷰를 볼 수 있는 2층의 테라스. 전경을 감상하는 것만으로도 입장 가치가 있다. 내부 사진을 찍거나 큰소리로 이야기 하는 것은 엄격히 금지되어 있다.

Ⓗ 매일 09:35~17:00(성수기 기준)   Ⓟ 뮤지엄 입장료 €5

03 Pala d'Oro 팔라 도로

산 마르코 성당은 비잔틴의 귀중한 보물을 보유하고 있기로 유명하다. 그 중 가장 화려한 보물인 팔라 도로. '황금의 천'이라는 뜻으로 무려 1,927개 형형색색의 자수정, 사파이어, 진주 등 보석으로 화려하게 장식된 제단화이다. 팔라 도로 안에는 마르코의 생애, 미카엘 대천사, 도제의 초상화 등이 그려져 있다. 지금은 제단화로 쓰지 않고 산 마르코 성당 안 클레멘스 재단 뒤편에 전시되어 있다.

Ⓗ 월~토 09:35~17:00(성수기 기준), 일/공휴일 14:00~17:00(종료 15전까지 발권 가능)   Ⓟ 관람료 €2

01

02

03

Tip.

배낭을 메고는 성당 안으로 입장할 수 없다. 성당 뒤편 Ateneo San Basso에 무료로 짐을 보관 할 수 있는 로커가 마련되어 있으니 이용하자. 성수기 때는 성당을 입장하는 줄이 꽤 긴 편인데, 배낭 때문에 입장하지 못하고 다시 줄을 서야 하는 경우가 생길 수 있으니, 가방 혹은 짐이 있다면 미리 맡기는 것이 좋다. 슬리퍼를 신거나 과한 노출이 있는 옷 또한 입장이 제한된다.

Tip. 대회의실의 창문

대회의실을 찾은 관광객들 역시 30도가 넘는 더위 앞에서는 연신 손부채를 꺼내 들 수밖에 없었다. 그때 누군가 회의실의 크고 긴 창문을 활짝 열었다. 닫혀 있었던 공간에 아드리아해에서 불어오는 시원한 바람이 더해져 모든 사람들의 시선이 창문으로 집중되었다. 가까이 다가가서 보니 창문 밖으로 펼쳐진 풍경은 더욱 장관. 아드리아해 중심에는 산 조르지오 성당이 두둥실 떠 휜하게 보인다. 마냥 평화로워 보이기만 한 이곳.

② Palazzo Ducale
두칼레 궁전

San Marco

Ⓐ Piazza San Marco, 1, 30124 / 산 마르코 광장
Ⓗ 4~10월 화~일 08:30~21:00, 금/토 08:30~23:00,
11~3월 매일 08:30~19:00 (폐장 30분 전까지 입장 가능)
Ⓟ 입장료 €20   Ⓜ Map → ⑥-E-4

'베네치아에서 가장 베네치아다운 건축물'을 꼽으라면 망설임 없이 두칼레 궁전을 선택한다. 9세기부터 국가 원수인 도제가 집무를 보며 거주했을 뿐만 아니라 베네치아의 입법, 행정, 정치가 모두 이루어진 청사다.

이렇듯 한 나라의 심장 역할을 했던 건물인 만큼 비상 시 가장 먼저 보호해야 할 곳이 두칼레 궁전이었을 것이다. 그렇기에 대부분의 국가들은 두칼레 궁전과 같은 역할을 했던 성을 철갑 옷을 입은 것처럼 성벽을 높게 쌓으며 철저히 보호했다. 하지만 두칼레 궁전을 보자. 바다를 향해 당당히 사방이 오픈되어 있는 모습, 분홍색과 흰색 빛의 대리석이 조화롭게 섞여, 햇빛에 반짝이는 바다를 나타낸 것 같은 부드러움 마저 느끼게 한다.

어떻게 이런 궁전을 지을 수 있었을까? 베네치아는 바다 가운데에 있는 나라. 이곳에 침입하기 위해서는 육지가 아닌 바다로 들어와야 했다. 유럽 최강의 해군력을 보유하고 있던 베네치아가 그 틈을 줄 리 없었다. 사방으로 오픈된 두칼레 궁전은 바로 강한 베네치아의 힘과 자부심에서 비롯된 것. 바다와 포옹하듯 당당한 모습의 두칼레 궁전은 해안선을 따라 베네치아의 입구에 든든하게 서 있다. 긴 항해를 마치고 고향 베네치아로 돌아오는 이들이 마주한 바다 위 두칼레 궁전의 모습은 마치 엄마의 품과 같지 않았을까.

01

01 Sala del Maggior Consiglio 대 평의회의 방(대회의실)
베네치아의 정치와 행정을 관장했던 두칼레 궁전답게 내부에서 가장 많이 찾아볼 수 있는 것은 회의실이다. 그 중에서도 가장 많은 인원인 약 1,000명의 위원들이 함께 회의할 수 있었던 대회의실. 축구를 해도 좋을 만큼 널따란 이곳에서는 틴토레토의 대작 '천국'을 만날 수 있다. 세계에서 가장 큰 유화 작품으로 유명한 이 작품은 가로 24.65m, 세로 7.45m에 등장인물만 600명이 넘는다. 한 작품이라고 하기에는 믿기지 않을 정도로 거대하고 웅장해 압도당하고 만다.

02 탄식의 다리 감옥 내부
모든 방들이 아름다운 작품들로 가득 차 있는 환상적인 두칼레 궁전 안 회의실들을 지나니 감옥으로 통하는 길이 나온다. 밖의 온도는 30도였는데, 감옥에 들어서는 순간 으슬으슬 추위가 느껴진다. 아침인지, 저녁인지 모를 만큼 어두운 감옥에 관광객을 위한 조명만이 비추고 있어 등골이 오싹할 정도. 얼마나 큰 죄를 지어야 지나가는 것 조차 두려운 이 어둡고 추운 감옥에 갇혔을까.

03 Scala dei Giganti 거인의 계단
베네치아의 국가 원수 도제가 선출되면 바로 이 계단 앞에서 취임식을 했다. 왼쪽이 전쟁의 신 마르스, 오른쪽이 바다의 신 넵튠의 동상. 바다를 통해 넓은 세상으로 나아갔던 베네치아임을 느끼게 하는 조각상들.

02

03

3. Ponte dei Sospiri
탄식의 다리

Ⓐ Piazza San Marco, Rio del Palazzo, 30100 / 산 마르코 광장에서 도보 3분 Ⓜ Map → ⑥-F-3

Behind Story.
노을이 질 때쯤 탄식의 다리 앞에서 키스를 나누면 영원한 사랑을 하게 된다는 베네치아의 전설.

두칼레 궁전의 법정과 운하 건너편의 감옥을 이어주는 탄식의 다리. 신분에 관계없이 누구에게나 엄격한 법을 적용하기로 유명했던 베네치아. 이 감옥은 빛 한 점 들어오지 않고, 물이 차올라 죽는 경우도 많아 최악의 감옥으로 뽑히는 곳 중 하나였다. 죄수가 법정에서 중형을 선고 받으면 감옥으로 가기 위해 마지막으로 건넜던 다리로 중간의 격자 무늬 구멍 사이로 힐끗 아름다운 베네치아의 모습을 볼 수 있다. 이 다리를 건너는 죄수들이 '이 아름다운 곳을 언제 또 다시 볼 수 있을까..'라고 탄식을 했다고 해서 붙여진 별명. 카사노바도 풍기문란죄로 이 감옥에 갇혔지만, 최초로 탈출에 성공한 죄수로 알려져 있다.

4. Torre dell'Orologio
시계탑

Ⓐ Piazza San Marco, 30124 / 산 마르코 광장
Ⓗ 시계탑 전문 가이드 동반 사전 예약만 입장 가능 (만 6세 이하 입장 불가)
월~수 11:00/12:00, 목~일 14:00/15:00 Ⓟ 입장권 €12 Ⓜ Map → ⑥-E-3

15세기에 지어진 베네치아 엔지니어링의 진수를 보여주는 시계탑. 베네치아인들에게는 시간과 함께 바다의 움직임을 알 수 있는 달의 모양도 매우 중요했는데, 시계탑은 이를 위해 시간뿐만 아니라 달의 움직임과 별자리 정보까지도 파악 할 수 있도록 설계되었다. 시계 최상단의 청동 무어인이 매 시간 종을 치고, 그 아래로 5분에 한 번씩 바뀌는 시계가 있다. 1년에 한 번, 성모 승천의 날에는 나무 인형들이 나와 팡파르를 불며 테라스를 돈다. 그 아래 중앙에는 24시간 시침이 있는 원형 시계가 있는데, 그 안에서 달의 모양과 별자리까지 파악할 수 있다. 시계탑은 산 마르코 광장과 리알토 시장 방향으로 가는 소위 '상인의 길'로 향하는 이정표 역할을 하기도 했다.

Plus. 베네치아의 수호 성인, 산 마르코

베네치아 곳곳에서 등장하는 날개 달린 사자. 이 사자는 바로 베네치아의 수호 성인 산 마르코를 상징하는 동물이다. 베네치아의 주요 건물뿐 아니라 베네치아의 깃발에도 이 사자가 담겨 있다. 베니스 영화제의 황금 사자 상도 바로 여기서부터 나온 것. 산 마르코 광장 안에서 고개를 들어 날개 달린 사자를 찾아보자. 이곳에는 몇 마리의 마르코 사자가 있을까?

5. Procuratie
프로쿠라티에

Ⓐ Piazza San Marco, 52, 30124 / 산 마르코 광장 Ⓜ Map → ⑥-E-4

플로리안 카페

산 마르코 성당 앞 산 마르코 광장을 감싸고 있는 'ㄷ자' 모양의 3개의 건물. 프로쿠라티에 베키오(오른쪽)는 12세기, 프로쿠라티에 누오보(왼쪽)는 16세기 때 지어져 베네치아 행정 관료들의 오피스 및 관저로 쓰였다. 가운데 건물(나폴레옹의 날개)은 나폴레옹이 베네치아 침략 후 집무실 용도로 17세기에 지었다. 현재 프로쿠라티에에는 플로리안 카페(p.068)와 14~16세기 베네치아 예술의 정수를 맛볼 수 있는 코레르 뮤지엄 등이 자리하고 있다. 저녁이 되면 건물 기둥 하나하나에 조명이 들어와 낭만적인 산 마르코 광장의 야경을 만들어내는 곳.

Shopping in San Marco

베네치아의 샹젤리제, 아카데미아 거리 (산 마르코 광장 ~ 아카데미아 다리)

산 마르코 광장에서 아카데미아 다리로 이어지는 길은 베네치아의 샹젤리제라고 불리는 쇼핑 거리다. 샤넬, 구찌, 프라다, 몽클레어 등 명품 브랜드가 자리하고 있는 곳. 가격은 한국에 비해 약 20% 정도 저렴한 편이다. 구매한 총 요금이 158유로를 넘었다면 텍스프리가 가능하다. 여권 정보가 반드시 필요하니 여권 사본 혹은 촬영 본을 챙겨가자.

Plus. Chiesa di Santa Maria del Giglio 산타 마리아 델 질리오 성당

파사드의 매우 화려한 조각상들이 눈길을 사로잡는 성당. 어떤 성인인지 자세히 봤더니 성서 속 인물이 아닌 바르바로Barbaro라는 성을 가진 형제들의 조각상이다. 유명한 상인이자 정치가 집안이었던 바르바로 가문이 이 성당을 구매한 다음 성당 앞면에 가족들의 조각상을 배치해 둔 것. 그 아래는 가족이 활동했던 로마, 코르푸 등을 지도로 표기해 두었다. 성당 파사드에 자신과 가족의 조각상을 더한 바르바로 가문. 과연 베네치아 사람답구나 하는 생각이 들어 미소가 지어지는 성당.

Ⓐ Campo Santa Maria del Giglio San Marco, 30125 / 산타 마리아 델 질리오 선착장에서 도보 2분
Ⓗ 매일 10:30~16:30 (마지막 입장 가능 시간 16:20) Ⓟ 입장료 €3 Ⓜ Map → ⑥-D-4

Plus. 베네치아 산업의 산실, Arsenale 아르세날레

바다를 통해 지중해로 나아가는 도전 끝에 유럽에서 가장 부강한 나라로 성장한 베네치아. 이때 바다 사나이들의 발이 되어주었던 배를 건조한 곳이 바로 아르세날레Arsenale다. 베네치아 인구의 약 30%였던 2만여 명이 이 조선소에서 근무했다고 하니, 그 규모를 짐작할 수 있을 정도. 당시 베네치아는 유럽 최고의 선박 건조 기술을 보유하고 있었다. 이 곳에서 만들어진 선박으로 바다 위 나라 베네치아를 지켜냈을 뿐 아니라, 상인들은 이 배를 타고 지중해로 나가 향신료를 비롯한 귀한 물건들을 베네치아로 구해왔다. 이 물건을 구입하기 위해 외국에서 상인들이 모여들었고, 지중해 최고의 무역 시장이 만들어졌다. 상인의 나라 베네치아를 만든 산업의 산실이 바로 아르세날레인 셈. 두칼레 궁전에서도 볼 수 없는, 아르세날레를 두른 단단한 성벽이 이곳의 중요성을 말해준다. 현재는 해군 시설로 사용되고 있어 일반인들의 출입이 금지되어 있다.

Ⓜ Map → ⑥-F-4

싱그러운 초록과 함께하는 산책

아르세날레 역에서부터 쟈르디니 비엔날레Giardini Biennale 역까지 운하를 따라 걸어보자. 녹지를 찾기 어려운 베네치아에서 싱그러운 초록과 함께 아름다운 운하를 감상하며 산책 할 수 있는 수변로가 이어지고 있다. 거리의 사람들에서, 카페의 분위기에서도 눈에 띄게 여유로움이 느껴진다. 수변로를 걷다 여유로운 정원이 있는 카페 세라Caffé la Sera(p.069)에서 쉬어 가거나, 벤치에 잠깐 걸터앉아 운하를 바라만 봐도 마냥 좋은 곳. 쟈르디니 비엔날레 역은 세계 최대의 현대미술 축제 중 하나인 베네치아 비엔날레가 열리는 곳이기도 하다.

Special

Like a Movie, Venezia

한편의 영화처럼, 베네치아

누구나 한 번쯤은 영화 속 주인공을 꿈꾼다.
과거 베네치아에서는 마음만 먹으면 현실과는 거리가 먼 영화 속 주인공의
삶을 살아보는 것이 언제나 가능했다. 바로 가면이 있었기 때문.
지금은 카니발 축제 기간에만 가면을 쓰지만, 16~17세기 베네치아에서는
외출할 때 신발을 신는 것처럼 1년 대부분의 시간을 가면을 쓰며 보냈다.
베네치아 일상 생활에서 가면은 떼려야 뗄 수 없는 존재였던 것. 가면을 쓴
사람은 남녀노소, 신분에 관계없이 '시뇨라 마스케라Signora Mascera'라
부르고, 심지어 경찰이라도 가면을 쓴 사람은 신원을 확인할 수도,
체포하기도 어려웠다고.
가면 너머 숨겨진 진짜와 가짜 사이, 그 짜릿함을 즐겼던 베네치아인들.
한편의 영화처럼 하루를 살았던, 신비롭기까지 한 그들의 일상으로 들어가보자.

Nicolao Atelier 니콜라오 아뜰리에

축제는 즐기는 자의 것! 카니발 복장을 구입하거나 빌릴 수 있는 곳. 시선을 빼앗을 화려한 가면 뿐만 아니라 1만2,000 종류가 넘는 드레스를 선택해 빌릴 수도 있다. 인기가 많은 옷들은 카니발 시작 10개월 전부터 Sold Out 되기 시작하니 카니발을 즐긴다면 미리미리 준비하는 것이 좋다. 키와 치수 등을 이메일로 보내면 체형에 맞추어 수정해준다. 베네치아 사람들이 느꼈을 가면 안의 자유로움을 느껴보자.

Ⓐ Cannaregio, 2590, 30121 / 산 마르쿠올라 역에서 도보 6분
Ⓗ 월~금 09:00~13:00/14:00~18:00, 토/일 휴무
Ⓤ costumia@nicolao.com Ⓜ Map → ③-B-1

01 카니발

베네치아 사람들은 왜 '일상'에서 가면을 쓰기 시작했을까? 그 기원에 대해서는 여러 설이 있다.
그 중 대표적인 이야기 둘! 어떤 이야기가 그들의 영화와 같은 삶에 가까울까?

#이야기 하나.

16세기 서유럽에서는 '코메디아 달라르테Comedia dall'arte'라는 '가면 즉흥극'이 유행했다. 대본은 아주 간단한 줄거리만으로 이루어져있고, 자세한 이야기는 배우들이 극 안에서 즉석으로 만들어갔다. 배우는 가면을 쓰고 등장했는데, 거의 모든 극에서 등장 인물의 이름과 성격 등이 동일했다.
베네치아에서도 코메디아 달라르테가 유행했다. 이 극에 등장한 인물의 옷차림과 가면들을 파티에서 착용하기 시작했고, 이후 평소에도 이를 즐기게 되었다는 설이다. 지금 우리가 연예인 '000의 헤어스타일', '000의 재킷'이 불티나게 팔리는 것과 비슷하지 않았을까. 베네치아인들이 썼던 가면들도 사실 거의 모두 이 극에 등장하는 것들이다.

#이야기 둘.

베네치아의 남자들은 15살이 되면 대부분 선원 생활을 시작했다. 청소년기인 이때부터 아버지와 함께 미지의 세계를 향한 도전을 시작한 것.
일생을 모험 속에 살던 베네치아 사람들은 자신의 고향인 베네치아에 돌아와서도 짜릿한 일탈을 꿈꿨다. 이런 이들에게 가면은 언제나 누구든 될 수 있는 자유로움을 주었고, 일상 속에서도 새로운 모험을 계속하게 만들어준 도구였다.

#오늘날의 카니발

가면이 가져다 준 '자유'는 베네치아 사회에 사생아가 급증하는 등의 부작용을 안겼다. 결국 가면을 일정 기간에만 쓸 수 있도록 하는 법을 1339년 만들게 된다. 가면 착용을 허용한 기간이 바로 카니발 축제의 전신. 보통 크리스마스 후부터 사순절 시작 전인 재의 수요일까지 가면을 쓰고 즐길 수 있었다.
베네치아 카니발은 세계 3대 축제 중 하나로 꼽히는데 보통 1월 말에서 2월 중 약 10일 동안 개최된다. 축제 기간에는 산 마르코 광장을 중심으로 화려한 복장과 가면을 쓴 '시뇨라 마스케라Signora Mascera', 그리고 구경하는 사람들이 한데 어우러져 한바탕 축제가 벌어진다.
카메라 플래시를 즐기며 광대 같은 모습을 하고 있는 사람들의 가면 속 모습을 상상해본다. 그 옛날 대부분의 시간을 가면 속에서 보낸 사람들은 가면을 벗었을 때 어떤 느낌이었을까? 그 모습이 진정한 자신이라고 생각했을까? 아니면 얼굴을 드러냄으로써 그 안의 자유로움을 숨겨야 했기에 오히려 자신의 모습을 잃는 느낌이었을까.

02 가면

가면 안에서는 매일 다른 내가 될 수 있었고, 숨김 없는 표현 또한 가능했다.
베네치아에서만 가능했던 놀라움 가득한 가면 안의 세계.

Bauta 바우타

베네치아 사람이라면 누구나 하나씩 갖고 있었던 Must Have 아이템. 턱 아래 부분부터 오픈된 형태로, 가면을 쓰고도 말하고 먹고 마실 수 있었다. 이 가면과 함께 이마와 머리 부분을 가릴 수 있는 트리코르노Tricorno라는 검정 모자를 쓰고 허리까지 오는 검정 망토를 주로 둘렀다.
망토 아래로는 어떤 옷을 입었는지 드러났는데, 이것으로 신분을 유추할 수 있었다고 한다. 그래서인지 주로 신분이 높거나 경제력이 좋아 화려한 옷을 입을 수 있는 사람들이 착용을 즐겼다고 한다. 카사노바도 즐겨 써 오히려 바우타는 본래의 이름보다 카사노바 가면으로 유명하다.

Muta 무타

여성의 얼굴을 완벽하게 감쌀 수 있는 동그스름한 모양에, 부드러운 벨벳 천을 입힌 마스크. 하지만 이상하게도 이 가면은 뒤로 묶는 끈이 없었다. 이를 대신해 가면 안쪽에 마우스피스가 있었는데, 이를 꽉 물어 가면이 떨어지지 않게 지탱해야 했다. 이 기능이 무타 가면을 꽤나 섹시하게 만들었다. 가면을 쓰고 있으면 마우스피스를 입으로 잡고 있어야 했기에 말을 할 수 없었고, 모든 의사소통은 몸짓과 눈짓으로만 가능했다.
아무 말도 하지 않은 채 접근 하는 남자를 오직 눈빛만으로 바라보다, 마음에 들면 그때서야 가면을 약간 옆으로 펼쳐 이야기를 나누며 둘만 있을 수 있는 장소로 옮기곤 했다고.

Gnaga 냐가

"냐~가". 베네치아 사람들이 내는 고양이 울음 소리다. 이름처럼 고양이 모양의 가면. 고양이 하면 어떤 몸짓이 떠오르는가. 묵직한 남성적인 느낌보다는 여성스러운 부드러운 움직임이 떠오른다. 하지만 이 고양이 가면은 주로 남성 동성애자들이 이를 숨기고 데이트를 하기 위해 썼던 가면이다. 1500년 즈음, 베네치아에 갑자기 동성애가 급증했고, 베네치아 정부는 이를 엄격히 금지했다. 만약 동성애를 저지르면 사형을 시키고, 그 시체까지 불태울 정도였다. 하지만! 가면을 쓰면 경찰도 신분 확인 요청이 힘들었기 때문에 주로 남성 동성애자들이 존재를 숨기기 위해 썼다. 무시무시한 법도 피해갈 수 있었던 가면, 그리고 그 안에서 누린 자유.

Mattaccino 마타치노

베네치아에서 마타치노 가면을 쓴 사람을 발견한다면 무조건 피하고 보는 게 좋다. 심한 장난을 치려고 작정하고 있는 사람이기 때문. 옷을 아주 컬러풀하게 입고 주로 달걀처럼 생긴 물풍선에 장미수를 담아 지나가는 사람들에게 던지는 놀이를 했다. 주로 저녁에 산책하는 사람들이 타깃이 되었다. 그 정도가 너무 지나쳐서 건물 밖으로 향한 아치 부분으로 그물을 쳐 두어야 할 정도였다. 시민들의 요청으로 1268년 베네치아 정부가 마타치노 가면 쓰는 것을 자제하라는 권고를 내리기도 했다. 참고로 Mattaccino의 Matto는 '미친'이라는 뜻이다.

Il Dottore della Peste 흑사병 의사 가면

1500년 경, 베네치아에 흑사병이 무섭게 번져 2년 동안 무려 인구의 25%가 목숨을 잃었다. 이때 흑사병에 걸린 환자들을 치료했던 의사들이 썼던 가면이다. 박테리아가 코나 입으로 들어가지 않도록 최대한 막기 위해 작은 숨 구멍을 낸 긴 코 가면을 썼다. 그리고 그 코 속을 향신료로 채워 숨을 쉴 때마다 나쁜 공기와 지독한 냄새가 걸러지게 했다.
이 가면은 보기만해도 '흠칫' 하게 하는 공포감을 주는데, 당시에는 흑사병의 원인이 파악되지 않아 이 무서운 전염병이 악마가 저지른 일이라고 생각하기도 했다. 악마에게 공포심을 주어 병을 무찌르려고 한 것.
지팡이도 필수였는데, 환자가 너무 가까이 다가와 전염되는 것을 막고, 환자의 이불 등을 들추어 볼 때 유용하게 사용했다.

INTERVIEW

PROFILE

Sergio

Ⓝ 세르지오 / Ⓙ 가면 장인

베네치아 카니발 공식 퍼레이드 때 착용하는 마스크를 제작하는 라 보테가 데이 마스카레리 La Bottega dei Mascareri(톰 행크스가 영화 속에서 썼던 가면도 제작)의 마에스트로인 세르지오. 아버지, 남동생과 함께 작업하는 그는 신사 같은 차분한 모습과 함께 장난끼 가득한 소년 같은 매력 또한 전했다.

언제부터 가면을 만들기 시작했나요?
1984년이에요. 원래 화가였는데 베네치아 사람인 만큼 기회가 되면 틈틈이 마스크도 만들었습니다.
이 즈음에 베네치아 카니발 축제가 공식화되면서 유명해지고 점점 마스크 제작에 대한 요청이 많아져 전문적으로 가면을 제작하게 되었어요.

영화에 나온 마스크도 많이 제작하셨네요!
마스크에 대한 열정이 그렇게 만든 것 같습니다. 특히 요즘 좋은 결과들을 얻고 있어요. 세계 각국의 오페라와 연극 무대 등에 등장하는 마스크를 제작하고 있습니다.
사실 요즘은 중국 등 다른 국가에서 베네치아 마스크를 많이 제작하고 있어요. 머리 수술이 달린 화려한 마스크라든지요. 하지만 그건 엄연히 보면 베네치아 문화와는 연관이 없는 거예요. 베네치아 마스크는 베네치아의 삶, 그리고 연극과 관련이 있죠. 저는 베네치아 역사와 문화를 담은 마스크를 만들기 때문에 그 전통성을 차츰 인정 받아가고 있는 것 같아요.

어떤 마스크가 베네치아를 대표할 수 있을까요?
음. 바우타요. 베네치아는 모든 순간에 변해요. 밤과 아침.. 순간 순간마다 변해서 미스터리 할 정도예요. 신비로운 아름다움이 있죠. 이런 베네치아를 표현하기에 좋은 마스크인 것 같아요. 왜냐하면 바우타는 남녀노소 할 것 없이 누구나 즐겨 썼던 가면이거든요. 마스크 안에 어떤 인물이 있는지, 가장 미스터리한 가면이 바우타예요. 가면의 아름다움이죠.

수많은 마스크를 만드셨는데, 이 중 어떤 마스크가 자신을 반영하는 것 같나요?
저는 코메디 델라르테에서 지울리아레Giullare 조커를 좋아해요. 가난하지만 사람들에게 늘 웃음을 주는 역할이에요. 그리고 그리스 시대부터 로마에 이르기까지 많은 극에 등장하면서 사람들을 즐겁게 해주었죠. 제가 꿈꾸는 저의 모습이기도 해요.

이 공방의 베스트셀러도 궁금해요.
베스트셀러는 클래식한 마스크예요. 바우타와 의사 가면 등을 가장 많이 찾고, 조커나 해와 달 등 벽에 걸 수 있는 인테리어용 가면들도 좋아하시는 것 같아요.

베네치아 가면은 어떻게 전통을 이어갈 수 있을까요?
베네치아 마스크가 살아남을 수 있는 방법은 마스크에 베네치아 문화를 녹여내는 거예요. 마스크는 베네치아 역사, 그리고 문화와 떨어질 수 없는 것이니까요.
예를 들어 오늘 마스크와 향수를 매치해 진행하는 패션쇼가 있어요. 저는 그 쇼에 사용되는 각각의 향수와 잘 매치되는 마스크를 만듭니다. 향수가 사실은 베네치아에서 만들어졌거든요. 1150년도예요. 그 후 메디치 가문이 프랑스로 수출을 했죠. 이런 식으로 마스크와 함께 문화적인 이벤트를 많이 개최해야 한다고 생각해요. 가면의 역사와 스토리를 알려야죠. 알고 보면 더욱 재미있는 게 마스크예요.

인터뷰를 마치고 향수 패션쇼에 등장하는 마스크를 한아름 챙기는 그를 보며 일상 생활에서 쓰기 위한 마스크를 쇼핑하는 옛 베네치아 사람들을 떠올렸다. 바다를 누비며 지중해를 무대로 살아온 베네치아 사람들. 그리고 고향 베네치아에서 그들만의 독특한 문화를 만들어내고 즐겼던 사람들. 베네치아는 양파처럼 겹겹이 흥미로운 매력이 가득하다.

La Bottega dei Mascareri
라 보테가 데이 마스카레리 (p.097)
Ⓐ 2720 S. Polo, 30125 / 산 토마 역에서 도보 3분
Ⓗ 매일 09:00~18:00 Ⓟ 베네치아 전통 가면 €15
Ⓜ Map → ⑤-E-1

SESTIERE DORSODURO :
Soho of Venezia

도르소두로 지구 : 베네치아의 소호

베네치아의 소호! 예술을 사랑하는 사람이라면 이곳으로 향하자. 베네치아의 르네상스 작품들이 모여있는 아카데미아미술관부터 세계 최고의 현대미술관 반열에 오른 페기 구겐하임 미술관까지. 이들이 만들어내는 아우라가 예술을 사랑하는 여행자들을 불러모아 도르소두로를 더욱 특별하게 만든다. 거리의 크고 작은 미술관과 아트 숍들을 지나며 예술이 가득한 베네치아의 우아한 분위기를 즐겨보자.

> **Plus. Gallerie dell'Accademia 아카데미아 미술관**
>
> 베네치아를 비롯한 베네토 지역 미술의 걸작을 만날 수 있는 미술관. 13~18세기까지의 중요한 베네치아 회화 작품을 소장하고 있다. 지오반니 벨리니, 틴토레토, 티치아노 등의 작품뿐 아니라 레오나르도 다빈치의 인체 해부도를 소장하고 있다. 인체 해부도는 특정 기간에만 대중에게 오픈하고 있으니 여행 전 공식 웹사이트를 참고하자.
>
> Ⓐ Campo della Carita, 1050, 30123 / 아카데미아 다리 앞 Ⓗ 월 08:15~14:00, 화~일 08:15~19:15(티켓 판매는 마감 1시간 전까지) Ⓟ 입장료: €15(만 18세 미만 무료, 만 18~25세 €2) + 예약 수수료 €1.5 Ⓜ Map → ⑥-D-4

Tip.

페기 구겐하임에 가기 전 그녀의 생애를 담은 영화 <페기 구겐하임: 아트 애디트> 관람을 추천한다. 타이타닉 사고로 아버지를 잃은 후 파란만장하고도 아름다운 삶을 산 그녀의 인생 이야기. 영화를 본 후 만나는 그녀의 컬렉션은 남다른 감흥을 선사해 줄 것.

① Collezione Peggy Guggenheim
페기 구겐하임 미술관

Dorsoduro

- Ⓐ Dorsoduro, 701-704, 30123 / 아카데미아 역에서 도보 5분
- Ⓗ 수~월 10:00~18:00, 화/12월25일 휴무
- Ⓟ 입장료 €15 　Map → ⑥-D-4

Photo Zone.

Ponte dell'Accademia 아카데미아 다리
아카데미아 거리와 아카데미아 미술관을 잇는 아카데미아 다리. 산타 마리아 델 살루테 성당과 대운하의 어우러짐이 베네치아에서도 으뜸인 뷰를 자랑한다. 노을이 질 때는 '시간이 멈췄으면' 하는 생각이 들 정도로 아름다운 곳. 다리 위에서 산타 마리아 델 살루테 성당 방향 쪽으로 사진을 담아보자. 인생샷 안녕!
Map → ⑥-D-4

세계 최고 수준의 현대미술관 페기 구겐하임. 구겐하임의 상속녀이자 아트 컬렉터 페기 구겐하임 저택이었던 이 뮤지엄에서는 그녀가 생전 수집했던 파블로 피카소, 호안 미로, 르네 마그리트 그리고 살바도르 달리 등의 현대미술 작품들을 만나볼 수 있다. 베네치아에서 마지막으로 개인 곤돌라를 소유했던 부호 구겐하임의 저택으로 사용되었던 이 뮤지엄은 아름답게 꾸며져 있는 정원을 거닐과 동시에 대운하를 조망하며 미술을 감상하는 즐거움까지 누릴 수 있다. 바쁘게 달려왔던 마음을 가슴 한편에 놓아두고 여유롭고 차분한 예술의 향기를 느껴보자. 미술관 정원의 햇빛이 잘 드는 구겐하임 카페에서 달콤한 커피 한잔을 하며 쉬어가도 좋겠다.

01

02

03

04

01 ASK THE ART
페기 구겐하임 미술관에는 각 전시실마다 'ASK THE ART'라는 배지를 단 인턴 사원들을 만날 수 있다. 세계 각국에서 선발된 젊은이들이 약 7개월 동안 미술사, 작가와의 대화 등 트레이닝을 거친 후 미술관 적재적소에 배치되어 누구나 작품에 대해 물어볼 수 있는 'ASK THE ART 프로그램'. 부끄러움을 무릅쓰고 하나하나 물어 보았는데, 깊고 재미있는 설명에 감탄했다. 덕분에 3시간 정도를 예상하고 방문했던 구겐하임에서 하루 종일 시간을 보내고 말았다. 궁금한 작품이 있다면 망설이지 말고 물어보자. 작가의 새로운 시선과 표현에 마음을 빼앗기게 될 것이다.

02 구겐하임 미술관의 꼬마들
유럽의 미술관에서 만나는 가장 부러운 이 장면. 이곳의 아이들은 교과서에서나 봤던 그림들을 도슨트와 함께 미술관 바닥에 앉아 자유롭게 이야기를 나누며 감상한다. 조심스럽게 뒤를 따라가 보았는데, "처음에는 이게 뭐에요~ 이상해요"라고 말하던 아이들이 몇 몇 작품을 거쳐가면서 제법 작품과 예술에 대해 어린이다운 창의력을 발휘하며 상상의 나래를 펼친다. 얼마 지나지 않아 어린이들은 팔을 쭉 뻗어 서로 내가 대답해보겠노라고 아우성. 다른 시선을 그린 세계에 대해 공감하며, 평생 예술과 친구가 될 수 있는 시간을 보내는 이 곳의 교육에 대해 감동 받는다. 여행 속에서의 매 순간은 배우고 느낄 것으로 넘쳐난다.

03 The Angel of the City 미술관 정원
미술관의 야외 공간에는 다양한 조각 미술품이 전시되어 있어 정원을 걷는 재미도 쏠쏠하다. 특히 눈길을 사로잡은 것은 운하 쪽 입구의 한 조각상. 말을 탄 소년이 올 누드로 불어오는 산들바람을 느끼는 듯 자유롭게 손을 번쩍 들고 있는 'The Angel of The City' 작품인데, 어찌나 황홀하고 자유로운 표정을 짓고 있는지 이 소년이 무엇을 보고 있는지 궁금해졌다. 소년의 시선을 따라 가보니 반짝이는 대운하와 함께 아름다운 베네치아가 한눈에 들어온다.
'그래서 이런 표정을 짓고 있는 거구나! 지금 대운하를 바라보고 있는 내 표정과 같구나!'

04 페기 구겐하임과 반려견
정원 한편에는 페기 구겐하임이 그녀가 사랑했던 카푸치노, 홍콩 등 14마리의 개들과 함께 잠들어 있다. 살아서는 수많은 예술가들이, 지금은 그녀의 컬렉션을 보려는 40만 명의 관람객들이 매년 이 곳을 찾는다. 페기 구겐하임은 이곳에서 반려견들과 함께 흐뭇한 표정을 짓고 있겠지.

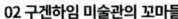

② Around Collezione Peggy Guggenheim
페기 구겐하임 미술관 거리

Ⓐ 아카데미아 다리 ~ 페기 구겐하임 미술관 ~ 산타 마리아 델 살루떼 성당
Ⓜ Map → ⑥-D-4

페기 구겐하임, 아카데미아, 푼타 델라 도가나 등 굵직 굵직한 미술관들이 있는 이 지역은 예술을 창조하고 사랑하는 사람들을 불러 모은다. 미술관들로 향하는 길에는 베네치아와 이탈리아 출신 예술가들의 조그마한 갤러리들이 모여 있다. 대부분 무료로 오픈되어 있으니 끌림이 있는 곳이라면 어디든 들어가 즐겨보자. 도르소두로 여행의 즐거움이 배가 될 것.

a. Il Pavone 일 파보네 (p.098)

출판업이 세계 최초로 생긴 베네치아인 만큼 곳곳에서 목판 인쇄의 전통을 잇는 상점들을 찾아볼 수 있다. 일 파보네는 인쇄에 사용되는 목판 제작부터 북 바인딩까지 상점 안에서 한 땀 한 땀 핸드메이드로 제작하는 곳이다. 고급 종이에 인쇄된 판화에서부터 베네치아 전통 방식으로 북바인딩한 노트, 그리고 연필까지, 손으로 무언가 끄적이기 좋아하는 문구류 마니아라면 그냥 지나치지 못할 손 탄 물건들이 기다리고 있다.

b. Bottega d'Arte San Vio 보테가 다르테 산 비오 (p.097)

베네치아를 배경으로 해학적인 그림을 그리는 화가가 운영하는 갤러리이다. 페기 구겐하임 미술관의 작품은 그림의 떡. 하지만 이 작은 갤러리에서는 마음만 먹으면 작품이 내 것이 될 수 있는 찬스를 잡을 수 있다!

Plus. 이탈리아 거리 음식 'Tramezzini 트라메지니'

한국에 삼각김밥이 있다면, 베네치아에는 트라메지니가 있다! 갑자기 출출해 질 때는 세모 모양의 트라메지니가 당연하다는 듯 머리 속을 맴돈다. 베네치아가 원조인 이탈리아의 대표적인 거리 음식으로 속을 단단하게 채워 반으로 가른 오픈 샌드위치이다. 참치와 올리브 혹은 모차렐라 치즈와 토마토 트라메지니가 기본이고, 많은 곳은 20개가 넘는 다양한 종류가 있다. 여행 중 출출하다면 트라메지니에 스프리츠 한 잔 콜!

Plus. Punta della Dogana 푼타 델라 도가나까지의 산책 (p.051)

산타 마리아 델 살루테 성당에서 옛 베네치아 세관이던 푼타 델라 도가나 미술관 쪽을 향해 천천히 걸어보자. 섬의 마지막 지점에 도착하면 산 마르코 광장의 해안선을 따라 선 두칼레 궁전과 종탑이 한눈에 들어온다. 운하 앞에 걸터앉아 살랑살랑 불어오는 바람에 나도 모르게 두 눈을 살짝 감게 된다. 지친 다리를 쉬어가며 베네치아를 만끽하기에 최고인 장소.

Ⓐ Dorsoduro, 2, 30123 / 살루테 역에서 도보 4분
Ⓗ 수~월 10:00~19:00, 화 휴무 Ⓟ 입장료 €8 Ⓜ Map → ⑥-E-4

Plus. 11월 21일은 베네치아 축제의 날!

흑사병이 물러가고 산타 마리아 델 살루테 성당이 완공된 것을 기념하기 위한 축제 'Festa della Madona'. 산 마르코 광장에서부터 살루테 성당까지 잇는 특별 다리가 만들어진다. 베네치아의 공직자들을 비롯해 누구나 다리를 건너며 감사하는 날이다.

[3] Basilica di Santa Maria della Salute
산타 마리아 델 살루테 성당

Dorsoduro

Ⓐ Dorsoduro, 1, 30123 / 살루테 역
Ⓗ 매일 09:00~12:00/15:00~17:30
Ⓟ 입장료 무료 Ⓜ Map → ⑥-E-4

달콤한 케이크에 곧 흘러내릴 듯 생크림이 듬뿍 얹혀진 모양의 아름다운 산타 마리아 델 살루테 성당.
하지만 성당 탄생의 배경에는 안타까운 이야기가 있다. 17세기 초, 베네치아에 흑사병이 창궐해 인구의 25%가 사망한다. 병의 원인도 알지 못한 채 전전긍긍하던 베네치아 사람들이 할 수 있는 것이라곤 신에게 기도하는 것뿐이었다. 그리곤 '만약 베네치아에서 흑사병이 사라진다면 성모 마리아에게 직접 바치는 성당을 짓겠다'고 기도했다.
시간이 흘러 가족과 친구가 속절없이 죽어나갔던 흑사병이 물러가고, 약속대로 감사의 의미를 담아 '살루떼Salute', 즉 건강이라는 뜻을 가진 산타 마리아 델 살루테 성당을 짓게 되었다. 성모 마리아에게 헌정하는 것인 만큼 성당은 규모가 꽤 큰데, 성당을 짓기 위한 기초 공사로 갯벌 부지에 무려 115만 개 이상의 나무 말뚝을 박아 넣었다. 또 성당 내부와 외부 조각상은 모두 성모 마리아와 관련되어 있다.
사랑하는 사람을 잃은 베네치아 사람들은 이 성당을 지으며 어떤 생각을 했을까. 괜스레 숭고한 느낌을 받게 하는 성당.

Nearby.

La Barca S.N.C. S.Barnaba Di Fabio
라 바르카 S.N.C. 세인트 바르스바 디 파비오
180개의 운하가 흐르고 있는 오지 베네비아이지만 만나볼 수 있는 독특하고도 재미있는 매력의 가게. Ponte dei Pungi 다리 앞 운하에 배를 띄어 두고 과일과 채소를 판매한다.
Ⓜ Map → ⑤-D-2

Campo Santa Margherita 베네치아의 대학가
베네치아에서 가장 큰 대학 카 포스카리 근처에 있는 이 광장은 언제나 활기 넘친다. 대학가답게 특유의 에너지와 저렴한 물가로 대학 새내기였던 순간으로 돌아간 듯한 기분이 들게 만드는 곳.
Ⓜ Map → ⑤-D-2

SESTIERE GHETTO :
Old Venezia in Memories

게토 지구 : 베네치아 속 또 다른 베네치아

셰익스피어의 소설 <베니스의 상인> 속 샤일록의 집이 있었던 세계 최초의 유대인 집단 거주 지역 게토.
이방인의 마을이었던 이곳은 작은 마을에서 풍겨져 나오는 수더분한 분위기가
왠지 옛 베네치아를 느끼게 해주는 곳이다. 게토 박물관과 코셔 식당, 빈티지 숍 등
베네치아에서 함께 적응하며 살고자 했던 유대인들의 문화를 느낄 수 있는 곳들이 많다.
베네치아 속 새로운 베네치아 게토. 여행 속 새로운 여행을 떠나보자.

Plus. 건물의 높이

대부분 건물의 높이가 3,4층인 베네치아에서 게토 지역은 유독 5층 이상의 높은
건물이 많은 것을 볼 수 있다. 그 이유를 살펴보자. 1500년 경, 부유한 상인의
나라 베네치아로 유대인들이 모여들었다. 본래 약 5,000명이 살았던 게토 지역에
약 2만5,000명까지 거주 했을 정도. 하지만 이들은 모두 한정된 게토 지역에 모여
살아야 했기 때문에 본래 있던 건물에 층을 덧대어 지을 수 밖에 없었다고.
현재 게토 지역에 거주하는 유대인들은 단 20명 정도이다.

1 Museo Ebraico di Venezia
게토 박물관

Ghetto

Ⓐ Campo di Ghetto Nuovo, 2902/b, 30121 / 산 마르쿠올라 역에서 도보 5분
Ⓗ 일~금 6/1~9/30 10:00~19:00, 10/1~5/30 10:00~17:30, 토 휴무
Ⓟ 입장료 €8, 가이드 투어 €12(입장료 포함, 오전 10시 30분, 영어 진행)
Ⓜ Map → ③-A-1

유대인 문화는 그들의 복장에서부터 역사와 전쟁까지 왠지 모를 호기심을 자극한다. 게토 박물관은 이런 호기심을 지적 깨달음으로 바꾸어 준다. 오래된 성물들과 게토 지역에서 세계 최초로 시작된 유대인 거주 지역의 흥미로운 변화 과정을 살필 수 있다.

2 Banco Rosso
방코 로쏘

Ghetto

Ⓐ Cannaregio, 2913, 30121 /
산 마르쿠올라 역에서 도보 5분 Ⓜ Map → ③-A-1

베네치아에는 총 3곳의 고리대금업을 할 수 있는 곳이 있었다. 건물 위 아치에 빨간 글씨로 방코 로쏘Banco Rosso라고 적혀 있는 사인을 찾아보자. 'Banco'는 탁자라는 뜻으로 'Bank'의 어원이 되었던 말이다. 개인이 탁자를 놓고 돈을 빌려주었기 때문. 그 탁자가 빨강 빛을 띠고 있어서 빨강(Rosso)이라는 말이 함께 붙게 되었다. 대출을 받기 위해 베네치아인 뿐만 아니라 외국에서도 사람들이 모여들었다고 한다.

> **Plus.**
> 제2차 세계대전 당시 학살된 유대인들을 기리기 위한 기념비.

3 The Studio in Venice
더 스튜디오 인 베니스 (p.019)

Ghetto

Ⓐ Calle Ghetto Vecchio, 1152, 30121
/ 산 마르쿠올라 역에서 도보 5분
Ⓗ 일~월 10:00~19:00, 토 휴무
Ⓟ 그림 €25 Ⓜ Map → ③-A-1

게토 지역을 배경으로 한 핸드메이드 그림 작품과 엽서를 판매하는 곳. 대부분의 그림은 이스라엘 출신 아티스트 미갈Michal이 직접 그렸다. 알록달록한 색감으로 표현한 베네치아와 그녀의 트레이드 마크인 고양이를 등장시켜 보기만 해도 기분이 좋아진다. 이 갤러리의 주인장 아저씨는 베네치아 게토의 토박이다. "챠오CIAO"라는 인사와 함께 게토와 유대인에 대해서 이야기를 나누어 보는 것도 좋겠다.

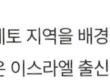

4 Antichita al Ghetto
안티키타 알 게토

Ghetto

ⓐ Cannaregio, 1133, 30121
/ 산 마르쿠올라 역에서 도보 5분
ⓗ 매일 10:00~19:00 ⓜ Map → ③-A-1

과거 유대인이 만들었던 비단에서부터 그림, 액세서리까지 주로 게토와 유대인에 관련된 앤티크, 빈티지 제품을 판매하는 곳. 작지만 옛 흔적이 고스란히 느껴져 생각보다 꽤 오랫동안 돌아보게 된다.

5 Chiesa di San Geremia
산 제레미아 성당

Ghetto

ⓐ Campo San Geremia, 334, 30121 / 페로비아 역에서 도보 5분
ⓗ 월~토 09:00~12:00/16:30~18:30, 일/공휴일 09:30~12:15/17:30~18:30 ⓟ 입장료 무료 ⓜ Map → ③-A-2

빛의 성녀라 불리는 루치아 성녀의 유해가 모셔져 있는 성당. 내부에는 1500년대 시계추에서 나오는 '똑딱 똑딱' 소리가 울려 퍼지며, 제단 뒤쪽으로는 루치아 성녀의 유해를 직접 볼 수 있는 공간이 있다. 8세기 때 지어진 후 여러 차례의 화재와 보수 공사를 거쳐 지금의 모습에 이르게 되었다.

Plus. 베네치아 역 이름이 왜 '산타 루치아'일까?

산타 루치아 역 자리에는 본래 루치아 성녀의 유해가 있는 성당이 있었다. 베네치아 본 섬과 육지인 메스트레 역을 잇는 선로 다리를 만들면서, 기존에 있던 성당 자리를 역으로 바꾸었다. 그때 루치아 성녀의 유해를 역과 가장 가까운 성당 중 하나인 산 제레미아 성당으로 옮기게 되었는데, 이를 기념하기 위해 산타 루치아 역이라 불리게 되었다.

Stazione di Venezia Santa Lucia 산타 루치아 역
ⓐ Stazione Santa Lucia, Fondamenta S. Lucia, 30100
ⓜ Map → ③-A-2

6 Casino di Venezia
카지노 디 베네치아

Ghetto

ⓐ Cannaregio, 2040, 30121 / 산 마르쿠올라 역에서 도보 2분
ⓗ 매일 11:00~02:25/11:00~03:15(게임별, 시즌별 상이)
ⓟ 입장료 €5 ⓜ Map → ③-B-2

1638년에 문을 연 세계 최초의 카지노. 과거부터 베네치아인들과 많은 외국 상인들에게 인기를 끌었다. 이곳은 음악가 바그너가 생애 마지막 순간을 보내며 파르지팔Parsifal 오페라를 완성한 곳으로도 유명하다. 남성은 재킷을 입어야 입장이 가능하며, 없을 경우 1층 입구에서 무료로 대여해준다. 입장 시 여권 혹은 신분증을 소지해야 한다. 18세 미만은 입장 불가.

Plus. Ponte Chiodo 폰테 키오도

베네치아 본 섬에서 마지막으로 원형이 보존된 다리이다. 난간이 없어 베네치아에서 가장 위험한 다리 중 하나. 과거 베네치아의 마피아가 인정사정 없이 결투를 벌렸던 곳이라고.

ⓐ Rio di San Falice, 30100 / 산 마르쿠올라 역에서 도보 10분 ⓜ Map → ③-B-1

7 Fontego dei Turchi
터키 상관

Ghetto

Ⓐ Salizada del Fontego dei Turchi, 1730, 30135 / 산타 루치아 역에서 도보 10분 Ⓗ 화~금 09:00~17:00, 토/일 10:00~18:00(마지막 입장 가능 시간: 폐장 1시간 전), 월 휴무 Ⓟ 입장료 €8 Ⓜ Map → ③-B-2

Good to Know.

베네치아 사람들의 만남의 장소 정하는 법

베네치아 사람들은 수 천 개의 길을 대신해, 다리를 기점으로 만남의 장소를 정하곤 했다. 다리 이름은 근처 유명한 상점을 따 '빵집 근처 다리', '장난감 가게 다리' 등으로 불렀다. 그 중 '빵집 다리'는 베네치아에만 족히 40개는 넘었다고 한다. 이후 오스트리아가 베네치아를 점령하며, 베네치아인들에게 익숙한 다리 이름이 아닌 유명한 인물과 성당 등의 이름을 따 길 이름을 바꾸게 된다. 하지만 아직도 베네치아 사람들은 옛 방식 그대로 "빵집 다리에서 만나", "장난감 다리에서 만나"자며 미팅 포인트를 정한다. 재미있게도 미팅 포인트로 많이 사용되었던 곳은 다른 상점으로 바뀐 후에도 여전히 그 역할을 한다. 리알토 다리 근처 Ponte S.Giovanni Grisostomo 앞은 장난감 가게가 있었던 곳. 지금은 관광객을 위한 가면 가게로 바뀌었는데, 고개를 들어 2층을 보면 레고로 도날드 덕, 백설공주 성을 만들어 두어 베네치아 사람들에게 아직도 '장난감 다리' 미팅 포인트로서의 역할을 톡톡히 하고 있다.

터키 상인들의 주거 공간이자 창고로 쓰이던 곳을 리모델링한 자연사 박물관. 순전히 이국적인 건물의 외모에 반해 기대 없이 들어갔던 곳. 하지만 이곳은 반전의 반전을 거듭했다. 쥐라기 시대를 떠올리게 하는, 이색적인 동물들과 베네치아 석호 근처에서 서식하는 살아있는 물고기를 볼 수 있는 작은 어항까지. 가족 여행이라면 아이들을 위해, 하지만 막상 가면 어른들이 더 신나는, 그런 흥미로운 박물관이다. 곳곳에 자연스럽게 녹아있는 아름다운 휴식 공간과 함께 여유롭게 전시를 즐길 수 있는 큐레이션이 돋보인다.

Shop in Ghetto

Restaurant

Gam Gam
감감 레스토랑

게토 지역을 여행한다면 유대인들의 음식을 맛보는 것도 여행의 방법이 아닐까. 우리에게는 다소 생소한 유대인 음식을 파는 곳 '감감Gam Gam 레스토랑'. 시그니처 메뉴인 에피타이저 샘플러와 미트볼 쿠스쿠스가 맛있다. 채식 메뉴도 있어 베지테리언이 방문하기에도 좋다.

Ⓐ Cannaregio, 1122, 30121 / 페로비아 역에서 도보 8분
Ⓗ 일~목 12:00~22:00, 금 12:00~16:00, 토 휴무
Ⓟ 쿠스쿠스와 미트볼 €10.9 Ⓜ Map → ③-A-1

Wine

Casa Mattiazzi di Heidrun Pecher
까사 마티아치 디 헤이드룬 페커

여행 중 빈 생수통이 생겼다면? 버리지 말고 잘 보관하자. 이곳은 빈 통에 와인을 담아서 파는 곳. 베네치아 주변에서 생산되는 스파클링 와인 프로세코와 베로나 근처에서 만들어진 발폴리첼라 등 맛있는 와인들을 골라 담을 수 있다. 가격은? 1리터에 2유로에서 3유로 선! 주인장은 딸 자랑하기 좋아하는 영락 없는 우리네 인심 좋은 푸근한 아저씨. 마실만한 와인에 대해 물어보면 친절하게 답해준다.

Ⓐ Cannaregio, 1116, VE 30121/ 페로비아 역에서 도보 7분
Ⓟ 프로세코 1리터 €3 Ⓜ Map → ③-A-1

A CANAL TRIP

Theme

The Grand Canal

대운하 따라 즐기는 베네치아

베네치아를 여행한다면 하루에 몇 번씩은 꼭 마주칠 대운하.
햇빛에 반짝반짝 빛나는 운하와 바다 위에 신비롭게 떠 있는 아름다운 건축물들.
수백 번도 더 마주한 모습이지만, 어느 한 순간도 감동받지 않았던 적이 없다.
대운하를 따라 베네치아만의 문화가 자연스럽게 녹아 든, 독특한 매력의 건축물들을 만나보자.

01 대운하, 시간에 따른 변화

대운하 양 옆으로 늘어서 대운하를 더욱 빛나게 하는 건물들은 대부분 대상인의 저택들이었다.
지중해 인근 나라들을 내 집 드나들 듯 했던 베네치아의 대상인들은 자신의 집을 지을 때도 동방과 서방, 여러 문화의 양식이 퓨전된 독특한 건축 양식을 선호했다. 이러한 화려한 저택들은 보고만 있어도 아름답지만, 비잔틴에서부터 바로크까지 시대에 따라 변화한 건축 유행의 흐름을 따라가면 보는 재미가 더해진다.

a. 베네치안-비잔틴 양식 & 폰테고 : 12~13세기
14세기 이전 대상인의 저택들은 창고와 주거 공간 등으로 다양하게 활용되었다. 1층에는 주로 창고가 위치해 있었는데, 배에서 물건을 쉽게 하역할 수 있도록 운하 쪽으로 넓고 긴 공간을 만들었고, 주로 둥글고 긴 아치들로 장식했다. 베네치아 비잔틴 양식의 대표적인 건축물은 폰테고 데이 투르키Fontego dei Turchi(p.047). 1225년에 한 상인이 자신의 저택으로 활용하고자 지었는데, 1621년 베네치아에서 활동하는 터키 상인들의 거처와 상관으로 사용되었다. 현재는 자연사 박물관으로 사용되고 있다.

b. 고딕 양식 : 14~15세기
베네치아에 자리 잡고 있던 비잔틴 양식과 유럽에서 유입된 고딕 양식이 만나 베네치아의 건축은 더욱 화려해졌다. 고딕 양식이 유행했던 14~15세기는 베네치아가 가장 융성했던 시기로, 대운하의 화려한 저택들이 이 시기에 상당수 건축되었다. 창고와 주거 공간이 분리되기 시작하면서 1층 하역장으로 쓰이던 개방된 긴 공간이 점차 사라지게 되었고, 2층은 아름다운 장식의 연속적인 아치를 사용해 더욱 화려하게 꾸며졌다. 대운하를 따라 베네치아 고딕 스타일의 다양한 아치 장식을 찾아보자. 대표적인 건축물은 카 도로, 팔라쪼 카 포스카리, 팔라쪼 두칼레.

Good to Know

Ca' & Palazzo
베네치아의 노른자 땅이었던 대운하 주변에는 지도자와 귀족, 대상인들의 저택이 자리하고 있다. 베네치아 공화국 시절, '카Ca'로 시작되는 이름은 주로 도제, 귀족 그리고 대상인의 저택에 사용되었고, '팔라쪼Palazzo'는 오직 총독 궁에만 붙일 수 있는 명칭이었다. 오늘날에는 편의상 건물 명으로 카와 팔라쪼를 혼용해서 쓰는 경우도 있다.

Fontego
'폰테고'는 창고라는 뜻으로 상인들이 상품을 보관하는 창고와 거주 공간이 합쳐진 건물이었다. 1층에는 주로 배에서 물건을 하역하기 위한 널따랗고 길다란 공간이, 2/3층에는 상인들이 지낼 수 있는 거주 공간과 오피스가 있었다. 대표적인 건물은 폰테고 데이 투르키(터키 상관).

TIP

2번 수상버스 타고 즐기는 대운하

1. 수상버스 1번과 2번은 대운하 정류장을 중심으로 다니는 버스다. 이 중 1번은 대부분의 정류장에 정차하고, 2번 버스는 주요 정류장에만 서는 대운하 급행 버스와 비슷하다.

2. 수상버스의 선미 혹은 후미에는 야외석이 있다. 대운하를 즐기기 위해서라면 이곳이 1등석! 산타 루치아 역 바로 전 정류장인 로마 광장은 2번 수상버스의 출발점이기 때문에 이곳에서 탑승하면 야외석에 착석 할 수 있는 확률이 높아진다. 혹은 반대 루트로 산 마르코 광장 앞 S.Marco(Giardinetti)DX 역에서 출발해 로마 광장까지 가도 좋다. 야외석을 찜하고 싶다면 종점까지 찾아가는 약간의 발품을 들이자.

c. 르네상스 : 14~16세기

베네치아의 르네상스를 대표하는 건축가는 자코포 산소비노다. 이전 시기에 비해 심플하게 지어진 건물이 많으며, 로마와 피렌체 등 내륙에서 유행했던 거친 돌 쌓기 기법으로 지은 팔라쪼도 등장했다. 고전적인 색을 더하기 위해 베네치아 비잔틴 양식처럼 1층에 개방성을 더한 건축물도 지어져 베네치아만의 독특한 르네상스의 흐름을 갖게 되었다. 대표적인 건축물은 팔라쪼 벤드라민, 팔라쪼 코레르, 팔라쪼 돌핀.

d. 바로크 양식 : 16세기 말~18세기

건축가 '룽가나'로 대변되는 베네치아의 바로크 시대 건축. 화려하게 장식된 외관으로 대운하를 더욱 환하고 빛나게 만들어준다. 대표적인 건축물은 산타 마리아 델 살루테 성당(p.043)과 팔라쪼 페스카로, 팔라쪼 레초니코.

e. 19세기 이후

1797년 나폴레옹이 베네치아를 침략한 이후 대운하에 저택을 짓거나 개조하는 것을 금지했다. 이후 이탈리아가 통일되면서 건물 수리가 가능해졌고, 공사를 중단했던 산 마르쿠올라San Marcuola와 페기 구겐하임 미술관(p.041)인 팔라쪼 베니에르 데이 레오니Palazzo Veneir dei Leoni도 다시 새단장을 시작했다. 지금의 베네치아 대운하의 모습이 대부분 이 시기를 전후해 완성되었다.

02 대운하의 대표적인 건축물들

North Area of The Grand Canal

Chiesa di San Simeone Piccolo 산 시메오네 피콜로 성당

산타 루치아 역 맞은편에 아름답게 서 베네치아에 도착한 여행자를 처음 맞이해주는 산 시메오네 피콜로 성당. 크고 가파른 돔이 특징인 이 성당은 이탈리아에 처음 지어진 네오 클래식 건축물 중 하나로 1738년에 완공되었다. 성당 내부에는 틴토레토의 마지막 만찬 작품이 있다. ⓜ Map → ③-A-2

Ponte degli Scalzi 스칼치 다리

대운하를 가로지르는 3개의 다리 중 역과 가장 가까운 스칼치 다리. 1858년 함부르크가 베네치아를 함락한 후 건설했는데, 낮은 높이로 지어진 탓에 다리 아래로 큰 배가 지나다닐 수 없었다. 이후 1932년 베네치아에서 다시 건설한 다리. ⓜ Map → ③-A-2

Fontego dei Turchi

터키 상관(자연사 박물관) (p.047)

ⓜ Map → ③-B-2

Around Ponte di Rialto

Ca' Pesaro 카 페사로

롱게나가 건축한 베네치아의 대표적인 바로크 양식 건물 카 페사로. 피렌체 등 내륙에서 많이 쓰였던 거친 돌 쌓기 기법을 변형해 다이아몬드 형태의 돌로 장식한 1층 외관이 시선을 끈다. ⓜ Map → ③-B-2

Ca' d'Oro 카 도로

황금의 대저택이라는 이름을 가진 이 건물은 과거에는 건물 외관이 금박과 아름다운 색채로 덮여 있어 매우 화려하게 반짝반짝 빛났다. 1440년대에 완성된 베네치아 고딕 양식을 대표하는 건물. ⓜ Map → ③-B-2

Fontego dei Tedeschi 독일 상관 (p.028)

ⓜ Map → ④-B-4

Palazzo Dolfin Manin 돌핀 마닌 팔라쪼

르네상스 시대에 지어졌지만, 개방감 있는 1층 구조를 사용해 폰테고를 떠오르게 하는 건물. 이 저택의 주인인 돌핀은 비잔틴과 무역을 하는 대상인이자 국가 원수를 지낸 인물이었다. 지금은 이탈리아 은행으로 사용되고 있다. ⓜ Map → ④-A-4

Palazzo Dandolo Farsetti 단돌로 파르세띠 팔라쪼

앞이 보이지 않음에도 불구하고 전장으로 나가 십자군 전쟁에서 베네치아를 승리로 이끈 엔리코 단돌로 가문의 저택. 지금은 베네치아 시청으로 사용되고 있다. ⓜ Map → ④-A-4

Ponte di Rialto 리알토 다리 (p.022)

ⓜ Map → ④-B-4

Around Ca' Foscari

Palazzo Balbi 발비 팔라쪼

1590년경 완공된 발비 가문의 저택. 발비는 당시 건물이 지어지는 약 8년 동안을 자신의 배에서 지냈다는 이야기가 전해진다. 르네상스 스타일인 이 건물은 현재 베네토 지역 의장의 관저로 쓰이고 있다.
Ⓜ Map → ⑤-E-2

Ca' Foscari 카 포스카리

러스킨이 베네치아의 15세기 고딕 양식 건물 중 가장 고귀한 사례라고 평가한 카 포스카리. 현재는 베네치아 카 포스카리 대학교 건물로 쓰이고 있다. 이 아름다운 건축물의 도서관에 앉아면 없던 학구열도 불타오를 것만 같다.
Ⓜ Map → ⑤-E-2

Ca' Rezzonico 카 레초니코

18세기 건축가 롱게나가 완성한 베네치아 바로크 양식을 대표하는 건물. 지금은 베네치아의 18세기 생활상을 알 수 있는 뮤지엄으로 사용되고 있다.
Ⓜ Map → ⑤-E-2

Around Dorsoduro

Ca' Dario 카 다리오

외교관이자 정치인, 대상인이었던 다리오의 저택. 다양한 색의 희귀한 대리석을 원형으로 조각해 장식한 건물 외관이 눈길을 끈다. 1908년 화가 모네의 작품 배경으로 등장하기도 했다.
Ⓜ Map → ⑥-D-4

Palazzo Pisani Gritti 그리티 팔라스 (그리티 호텔)

전설적인 베네치아의 원수였던 안드레아 그리티의 저택. 지금은 베네치아에서 가장 럭셔리한 호텔 중 하나로 브래드 피트, 엘리자베스 여왕, 우디 앨런 등 셀럽들이 묵어 인기이다.
Ⓜ Map → ⑥-D-4

Ponte dell' Accademia 아카데미아 다리

베네치아 최고의 뷰포인트! 산 마르코 광장과 산타 마리아 델 살루테 성당을 중심으로 대운하에 펼쳐진 아름다운 저택들을 한눈에 볼 수 있다.
Ⓜ Map → ⑥-D-4

Punta della Dogana 푼타 델라 도가나 (p.043)

1677년 완공되어 베네치아의 세관으로 쓰였던 곳. 베네치아로 들어오는 모든 물건들은 이 곳을 거쳐 검수를 받고 세금을 냈다. 외관 돔 위의 하늘을 향한 황금볼은 행운을 상징한다. 지금은 일본의 건축가 안도 다다오의 손을 거쳐 푼타 델라 도가나 현대 미술관으로 쓰이고 있다. Ⓜ Map → ⑥-E-4

Basilica di Santa Maria della Salute 산타 마리아 델 살루테 성당 (p.043)
Ⓜ Map → ⑥-E-4

Palazzo Venier dei Leoni 베니에르 데이 레오니 팔라쪼(페기 구겐하임 미술관) (p.041)
Ⓜ Map → ⑥-D-4

MUSIC OF VENEZIA
Theme

Venetian Performance
흥부자 베네치아

베네치아는 15세기부터 17세기까지 그 동안 이룩해 둔 탄탄한 경제에 힘입어 예술의 화려한 발전을 이뤘다. 유럽 최초로 계급에 관계없이 입장 가능한 극장들이 생겨 남녀노소 누구나 음악과 공연을 즐길 수 있게 되었으며, 라 페니체 극장에서는 축배의 노래 아리아로 유명한 <라 트라비아타La Traviata>가 초연되었다. '사계'의 작곡가 비발디도 베네치아의 음악을 발전시키는데 큰 몫을 했다. 흥부자 베네치아인들이 즐겼던 길을 걸어보자.

Tip.
오디오 가이드 투어가 포함된 10유로의 입장권으로 극장을 둘러볼 수 있다.

Teatro la Fenice
라 페니체 극장

Ⓐ Campo San Fantin, 1965, 30124 / 산 마르코 광장에서 도보 5분
Ⓤ http://www.teatrolafenice.it
Ⓜ Map → ⑥-D-4

'페니체'는 불사조라는 뜻이다. 이름처럼 이 극장은 몇 번의 큰 화재 속에서도 불사조처럼 다시 제 모습을 되찾았다. 베네치아 사람들에게 특히 잊을 수 없는 날은 지난 1996년 1월 29일. 극장 앞 운하를 막고 공사가 진행 중이었는데, 전기 합선으로 인해 불씨가 생겼다. 목로 지어진 건물은 거침없이 타오르기 시작했고, 형태를 알아볼 수 없을 정도로 타올랐다. 전소된 라 페니체 극장을 재건하기 위해 루치아노 파바로티Luciano Pavarotti는 "라 페니체 극장 없는 베네치아는 영혼 없는 육체와 같다"며 모금 운동에 앞장 섰고, 많은 이들의 후원으로 극장은 불사조처럼 살아나 본래의 제 모습을 갖추게 되었다. 정명훈 지휘자도 악단을 이끌고 종종 공연을 하는 곳으로, 세계 최고 수준의 음향과 화려한 건축으로 눈을 뗄 수 없다. 음악을 사랑하는 여행자라면 한번쯤 세계 최고의 극장에서 분위기를 내보는 것도 좋지 않을까? 티켓은 웹사이트에서 예매할 수 있으며, 드레스코드는 남자는 수트, 여자는 캐주얼 정장을 추천한다.

Chiesa di San Vidal
산 비달 성당

ⓐ Campiello S. Vidal, 30124 San Marco / 아카데미아 다리에서 도보 2분
ⓤ www.interpretiveneziani.com
ⓟ 음악회 티켓 €30　ⓜ Map → ⑥-D-4

Tip.
공연은 좌석이 지정되어 있지 않은 오픈 티켓이다. 공연 시작 약 30분 전부터 게이트를 오픈하고 원하는 자리에 착석 할 수 있으니, 미리 도착해 자리를 선점하는 것이 좋다. 공연은 쉬는 시간 약 10분을 포함해 1시간 30분 내외로 진행된다. 여러 개의 의자가 붙어있어 약간 불편함을 느낄 수도 있으니 참고하자.

4중주 '사계'를 작곡한 비발디의 고향, 베네치아. 비발디 음악 재단에 속한 비발디 전문 연주가의 수준 높은 음악회를 매일 저녁 감상할 수 있는 곳이다. 소극장 공연 스타일로 연주자의 생생한 움직임을 느낄 수 있는 매력적인 공간. 비발디의 고향에서 듣는 그의 음악은 남다른 감흥을 전해준다. 성당 안에는 고악기들이 전시되어 연주회 시간을 제외하고 누구나 편하게 둘러볼 수 있다. 티켓은 성인 30유로, 프로그램 확인이나 예약은 웹사이트에서 혹은 성당 안에서도 예매가 가능하다.

Chiesa San Maurizio - Il Museo della Musica
산 마우리지오 성당 - 음악 뮤지엄

성당을 리모델링한 악기 박물관. 비발디 시대 전후에 사용되었던 현악기 및 관악기들을 관람할 수 있다. 박물관 안쪽으로 악기를 만드는 공방을 재현해 두어 당시의 악기 제작 방법을 상상해 볼 수 있다.

ⓐ Campo San Maurizio, 30124 / 아카데미아 다리에서 도보 4분
ⓗ 매일 09:30~19:00　ⓟ 입장료 무료
ⓜ Map → ⑥-D-4

Chiesa della Pietà - Santa Maria della Visitazione
산타 마리아 델라 피에타 성당

빨간 머리 신부님으로도 유명했던 비발디. 음악에 뛰어난 능력과 열정이 있어 신부직을 그만두고 전문 음악가의 길을 걷게 되었다. 산타 마리아 델라 피에타 성당은 비발디가 신부였을 때 미사를 집전했던 곳으로 이곳에서는 매일 비발디 사계 공연이 펼쳐진다.

ⓐ Sestiere Castello, 30122 / 산 마르코 광장에서 도보 5분
ⓜ Map → ⑥-F-3

Metropole Hotel
메트로폴 호텔

산타 마리아 델 피에타 성당 옆에 위치한 메트로폴 성당은 본래 비발디가 관리하던 고아원. 비발디는 이곳에서 고아들에게 현악 연주를 가르쳤는데, 그 실력들이 매우 출중해 나중에는 귀족의 자녀들도 이 곳으로 와 음악 연주를 배우기도 했다. 현재는 호텔로 운영되고 있는데 1층 로비의 오리엔탈 분위기를 자랑하는 Met Restaurant에서 운하를 조망하며 마시는 커피도 좋다.

ⓐ Riva degli Schiavoni, 4149, 30122 / 산 마르코 광장에서 도보 5분　ⓜ Map → ⑥-F-3

Spot. 05
MURANO : The World of Glass Art
무라노 : 유리 작품의 세계로

세계 최고의 유리 작품을 만들어내는 무라노. 섬에 도착한 순간 무라노 거리의 갤러리와 숍들의 형형색색 유리 작품과 화려한 샹들리에들이 반겨준다. 70여 명의 마에스트로가 매일 1,400도의 고온을 견디며 세계 최고의 유리 작품들을 만들어내고 있는 무라노 곳곳에서 예술가의 향기가 느껴진다. 예술과 전통이 더해진 무라노섬은 우리나라 안동 같은 작고 고즈넉한 느낌을 안겨준다. 무라노를 여행할 때의 규칙이 있다면 '쓰윽' 보고 지나치지 않는 것. 각 공방마다 각기 다른 스타일과 철학으로 자신만의 작품을 만들기 때문. 살짝 보고 지나치면 모두 같은 유리로 보일 뿐이지만, 깊게 보고 느끼면 하나하나 다른 모습에 놀라게 될 것이다. 과거에 머물지 않고, 살아 숨쉬며 발전하는 무라노 속 유리 작품의 세계로 들어가보자.

Ex Chiesa di Santa Chiara 엑스 산타 키아라 처치

> **Tip. 무라노 가는 법**
>
> 무라노는 베네치아 본 섬에서 약 7km 떨어져 있어 수상버스나 수상택시를 이용해야 한다.
> **수상버스**: 3번 - Ferrovia – Murano Faro / 12번 - Fontamente Nove - Murano Faro / 7번 - S. Maroco - Murano Faro (하절기 운영)
> **수상택시**: 비용은 편도 약 70유로
>
> 인근 섬으로 이동하기 위해서는 바포레토(수상버스) 티켓이 필요하다. 1회권은 7.5유로, 무제한으로 이용 가능한 티켓은 24시간 탑승에 20유로부터 시작한다. 1회권은 무제한 이용권에 비해 가격이 비싼 편이니 2개 이상의 섬을 방문할 시에는 무제한 티켓을 사는 것이 더 효율적이다. (p.125 교통 참조)

유리 공예 장인, 마에스트로

무라노 전통을 이어가는 유리 공예의 장인을 마이스트로Maestro(대가, 거장)라고 부른다. 대부분 대를 이어 어릴 때부터 아버지에게 유리 공예를 배우게 되는데, 약 15~20년 동안 수련 과정을 거치면 마에스트로가 될 수 있는 자격이 생긴다. 마에스트로라는 증서가 있는 것은 아니고 스승이 제자를 마에스트로 인정하는 도제식 교육이다. 얼마 전 무라노시에서 운영하는 무라노 공예 학교가 생겨 이 학교에서 유리 공예를 배우는 사람들도 늘어가고 있다.

무라노 Must Visit 갤러리

1 Ex Chiesa di Santa Chiara
엑스 산타 키아라 처치

Murano

Ⓐ Fondamenta Manin, 1, 30141 / 무라노 콜로나 역에서 도보 3분
Ⓗ 월~토 10:00~17:30, 일 10:00~17:00
Ⓟ 유리 브로잉 시연 입장료 €8 Ⓜ Map → ⑦-무라노

1200년대에 지어진 옛 수도원이 멋진 유리 문화 공간으로 재탄생했다. 꿀처럼 뚝뚝 떨어지는 유리의 원재료가 하나의 아름다운 작품으로 변화되는 과정을 보고 있노라면 유리를 보는 시선이 180도 달라진다. 편안하게 앉아 옛 수도원의 정취를 느끼며 유리 작품이 만들어지는 공연(입장료 8유로)을 볼 수 있는 곳으로 시연에서 만들어진 작품을 구매할 수도 있다. 2층에는 눈을 사로잡는 화려한 대형 샹들리에와 유리 작품을 전시해 둔 갤러리가 있으니 놓치지 말고 둘러보자.

INTERVIEW

PROFILE

Guissepe

Ⓝ 주세페 Ⓙ Ex Chiesa di Santa Chiara 대표

공방의 이름이 과거의 성당(Ex Chiesa di Santa Chiara)인데 그 이유가 있나요.
이 공방은 13세기에 지어진 무라노에서 가장 오래된 수도원 중 하나였습니다. 과거에 카사노바와 베네치아 국가원수인 도제가 방문했을 정도로 아름다운 곳이었어요. 그런데 1810년에 나폴레옹이 베네치아를 침략하고 무라노에 있는 수도원들을 없애는 정책을 펴었어요. 그래서 이 수도원도 문을 닫게 되었고, 1826년에 유리 공방으로 처음 문을 열게 되었습니다.

800년이 넘는 역사를 가지고 있네요.
사실 이 곳은 나폴레옹 이후 주인이 여러 번 바뀌면서 관리가 잘 되지 않았습니다. 거의 무너져 내렸었죠. 이런 아름답고 전통 있는 건물이 폐허로 방치되어 있다는 건 베네치아인으로서 슬픈 일이었어요. 저희 가족은 무라노의 유리 공예를 알릴 목적으로 수도원을 구입해 약 8년 동안 수리를 했어요. 물론 이 과정에서 금전적으로 부담도 있긴 했지만, 제 인생의 과업으로 자랑스럽게 여기고 있습니다.

8년간의 공사면 꽤 긴 공사였던 것 같습니다.
네. 거의 무너져 내린 이 성당을 최대한 원형 그대로 보존하고 싶었어요. 벽돌과 나무 하나하나까지 가능하면 그대로 사용하고 싶었습니다. 베네치아에서는 대부분의 건축물이 문화재로 보존되어 공사가 어렵고, 여기에 원형 그대로를 복원하려고 하다 보니 세월이 많이 흐르게 되었어요.

수도원 분위기와 샹들리에가 참 잘 어울립니다.
갤러리 천장 위의 대형 샹들리에는 1,000개가 넘는 유리 작품들이 이어져 만들어졌어요. 무라노 샹들리에는 자세히 보면 '부케' 디자인을 하고 있어요. 결혼식장에 입장하는 신부가 들고 있는 것 같은 아름다운 꽃다발이죠. 그래서인지 샹들리에는 공간을 우아하고 아름답게 만드는 것 같아요. 개인적으로 아주 좋아하는 작품입니다.

2 Venini
베니니

Murano

Ⓐ Fondamenta dei Vetrai, 50, 30141 /
무라노 콜로나 역에서 도보 4분
Ⓜ Map → ⑦-무라노

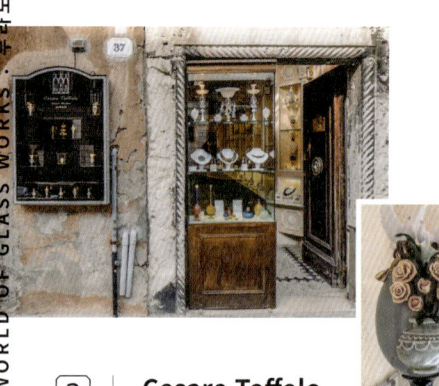

3 Cesare Toffolo
세사레 토폴로

Murano

Ⓐ Fondamenta dei Vetrai, 37, 30141 /
무라노 콜로나 역에서 도보 3분
Ⓗ 매일 10:00~18:00 Ⓜ Map → ⑦-무라노

4 Barovier & Toso
바로비에르 & 토소

Murano

Ⓐ Fondamenta dei Vetrai, 28, 30141 /
무라노 콜로나 역에서 도보 3분
Ⓗ 매일 10:00~18:00 Ⓜ Map → ⑦-무라노

2. 무라노의 유행을 선도하는 곳, 베니니! 저명한 건축가, 예술가와 컬래버레이션해 모던한 스타일의 유리 작품을 만들어 내는 방식이 남다르다. 다양한 예술가들의 색다른 접근 방식을 디자인하고 유리 작품으로 이를 구현하니 독특한 기술과 새로운 느낌의 작품을 매 년 만나볼 수 있다. 저자가 한눈에 반한 작품은 일본의 건축가 안도 다다오의 모래시계 '안도 타임'. 시멘트 공법으로 유명한 안도 다다오가 무라노에 머물며 그의 건축 철학인 '시간'과 '공간'을 유리 모래시계에 담아냈다. 베니니의 모든 작품은 한정판이며 작품에 넘버가 새겨져 있다.

3. 아기자기한 작품들에 감탄사가 절로 나오는 갤러리. 16살 때 국제 무대에 데뷔해 지금까지 램프 워킹(유리 막대를 토치로 녹여 만드는 기법)으로 세계 최고의 자리를 지키고 있는 세사레 토폴로Cesare Toffolo. 3대째 이어져오는 마에스트로 집안으로, 기존 전통에 토폴로가 개발한 특별한 기술이 더해져 갤러리 전체를 집으로 옮겨가고 싶은 충동을 불러일으키는 작품들이 많다. 특히 아기자기하고 섬세한 작품 탓인지 일본인들에게 매우 인기가 많은 곳이다. 약 10유로 정도부터 시작되는 액세서리도 기념품으로 좋다.

4. 1295년에 문을 연, 기네스북에 세계에서 가장 오래된 무라노 공방으로 등재된 곳. 전통과 명성에 걸맞게 많은 저택, 호텔 등에서 러브콜을 받고 있다. 특히 샹들리에를 비롯한 조명으로 유명한데 전 세계의 모든 돌체 앤 가바나 쇼룸에서 이 공방의 아이콘 샹들리에를 찾아볼 수 있다.

Tip. 출출하다면!

Versus Meridianem 베르수스 메리디아넴
전망으로 따지면 베네치아를 통틀어 둘째가라면 서러운 식당. 들어가는 순간 통유리로 훤히 비추는 베네치아 운하 전망이 정말 아름답다. 이런 곳에서 먹는 음식이라면 어떤 것이라도 맛있게 느껴질 만하다. 싱싱한 해산물 튀김과 오븐에서 바로 구어 낸 피자 추천.

Ⓐ Colonna, Fondamenta Manin, 1, 30141
Ⓗ 매일 12:00~14:30/19:00~22:00　Ⓟ 피자 €8　Ⓜ Map → ⑦-무라노

⑤ **Simone Cenedese**
시모네 체네데제

Murano

Ⓐ Fondamenta dei Vetrai, 68, 30141 / 무라노 콜로나 역에서 도보 4분
Ⓗ 매일 10:00~18:00　Ⓜ Map → ⑦-무라노

⑦ **Berengo Studio 1989**
베렝고 스튜디오 1989
(p.017)

Murano

Ⓐ Fondamenta dei Vetrai, 109, 30141 / 무라노 콜로나 역 도보 6분　Ⓗ 월~토 09:00~18:00, 일 휴무　Ⓜ Map → ⑦-무라노

⑥ **Artigianato R.Lamberti**
아티샤나토 람베르티

Murano

Ⓐ Fondamenta Manin, 69 30141 / 무라노 파로 역에서 도보 3분
Ⓟ 마그넷 €5　Ⓜ Map → ⑦-무라노

Plus. Vetreria Murano Arte S.R.L. 베트레리아 무라노 아트

무료로 시연을 볼 수 있는 곳. 마에스트로가 컵과 화병 등 작품을 만드는 모습을 서서 관람할 수 있다. 시연 시간이 짧아 아쉽지만 무료라는 점을 감안하면 충분히 방문 가치가 있는 곳.

Ⓐ Calle San Cipriano 48/1, 30141 / 무라노 콜로나 역에서 도보 10분
Ⓗ 매일 09:00~16:00　Ⓜ Map → ⑦-무라노

5. 무라노 시계탑 앞에 세워진 랜드마크인 코메타 디 베트로Cometa di Vetro를 만든 곳. 무라노에서도 가장 큰 가마를 가지고 있어 대형 작품들을 만들어 낼 수 있는 특별한 공방이다. 취재차 작업 공간에 들어가보니, 다른 공방에서는 보기 힘든 다양한 크기의 세분화된 가마가 놀라움을 안긴다. 주로 건축, 패션 브랜드들과 협업해 맞춤형 작품을 제작하는 경우가 많으며 클래식한 샹들리에와 시즌별 주제에 따라 다양하게 디자인된 유리 작품이 유명하다.

6. 보기만 해도 기분이 좋아지는, 유머러스한 유리 작품을 만드는 공방. 사랑스러운 동물과 유리로 만든 케이크 등 주머니에 쏙 담아가도 좋을법한 귀여운 작품들과, 곤돌라와 베네치아의 풍경, 오케스트라 등 베네치아를 떠올리기에 좋은 미니어쳐 스타일의 작품들을 만날 수 있다. 한편에서는 작가 시모네가 직접 작품을 제작하고 있는데, 작업 공간 앞의 '제가 죽기 전에 작품을 구매하세요'라고 적힌 귀여운 메모가 한 번 더 미소 짓게 한다. 가볍게 구매할 수 있는 마그넷 등도 있다.

7. 무라노 거리의 진지한 작품들 틈바구니에서 웃음이 나는, 재미있는 외계인 같은 유리 작품이 전시되어 있는 곳. 갤러리에 들어서면 파비오 Fabio를 만날 수 있는데, 무려 400년 동안이나 대대로 무라노에서 살아온 집안이다. 그가 들려 준 무라노와 유리의 세계는 놀라움 그 자체다.

Spot 06
BURANO : A Fairy-Tale Village
부라노 : 알록달록 동화 속 마을

BBC가 선정한 '세계의 알록달록한 마을' 부라노! 아이유의 뮤직비디오에도 등장한 컬러풀한 베네치아의 마을이다. 구석구석 예쁜 색깔의 집들이 누구라도 사랑에 빠지게 만드는 마법과도 같은 섬. 눈으로 보는 것도 예쁘지만 사진으로 볼 때 더 환상적이다. 부라노섬에서는 많이 찍는 사람이 승자! 인생샷 남기러 부라노로 고고.

Tip. 부라노섬 가는 법

수상버스
직행 : 약 45분 소요 / 12번 Fondamente Nove – Burano
환승 : 약 1시간 소요 / 3번 : Ferrovia - Murano Faro, 12번 : Murano Faro – Burano
수상택시 : 본 섬에서 이용 시 편도 약 140유로

Plus. Buranelli 부라넬리

달콤한 쿠키를 좋아하는 사람이라면 놓쳐선 안될 부라노의 전통 과자! S자 모양을 하고 있어 'Esse에세 (알파벳 S)'라고도 불린다. 부라노 남자들이 생선을 잡으러 바다로 떠날 때 와이프가 손수 만들어 준 쿠키로 우리나라의 계란 과자와 비슷한 맛. 계란 노른자와 버터, 밀로만 만들어 낸 건강한 과자로 여행 중 야금야금 꺼내어 먹기 좋다. 매일 아침 전통적인 방식으로 직접 쿠키를 굽는 Panificio Pasticceria Palmisano Carmelina 및 부라노의 제과점에서 구매할 수 있다.

Ⓐ Via Baldassarre Galuppi, 355, 30100 / 부라노 역에서 도보 4분
Ⓟ 매일 08:00~19:00 Ⓜ Map → ⑦-부라노

---

1 La Casa di Bepi
베피 할아버지네 집

Ⓐ Corte del Pistor, 275, 30142 / 부라노 역에서 도보 4분
Ⓜ Map → ⑦-부라노

부라노에서 가장 컬러풀한 집은? 바로 여기! 집에 에스닉한 천을 덮어 둔 듯한 기하학적인 무늬의 베피 할아버지 집이다. 돌아가시기 1년 전까지 하루도 거르지 않고 다른 색으로, 다른 모양으로 집을 색칠했던 베피 할아버지. 영화관에서 근무했던 그는 여름날의 저녁이 되면 집 밖에 커다란 흰색 천을 두르고 만화나 어린이를 위한 재미있는 영화를 상영해 주었다. 부라노 아이들은 이곳에서 오늘은 할아버지네 집이 어떤 무늬로 바뀌었나 숨은그림 찾기 놀이도 하고, 날이 좋으면 영화도 보았을 것이다. 부라노 어린이들에게 디즈니랜드와도 같았을 베피 할아버지네 집.

Plus. 믿거나 말거나~ 부라노섬은 왜 알록달록 할까?

부라노섬이 컬러풀해진 계기에 대해서는 여러 이야기가 있다. 그 중 널리 알려진 이야기 둘!
하나. 부라노섬은 가을 겨울철이 되면 가시거리가 1m도 나오지 않을 정도로 안개가 짙게 낀다. 고기를 잡으러 나간 부라노 어부들이 먼 바다에서도 자신의 집을 잘 바라보기 위해 색을 칠하면서 시작 되었다는 이야기.
조금 더 사실에 가까울 법한 두 번째 이야기. 인구밀도가 산 마르코 광장 근처보다 3배가 높았던 부라노는 소위 말하는 좁은 2층집 구조의 땅콩집을 지어 사는 사람이 많았다. 가로로 긴 건물을 세로로 잘게 쪼개 사용했던 옛 부라노 사람들이 자신의 집 경계를 정하기 위한 수단으로 집집마다 색을 달리 칠한 데서부터 시작되었던 것.

[2] Piazza Baldassarre Galuppi
갈루피 광장

Burano

Ⓐ Baldassarre Galuppi Statue 30142, Venezia VE / 부라노 역에서 도보 6분   Ⓜ Map → ⑦-부라노

자그마한 어촌 마을 부라노가 낳은 베네치아의 유명 음악가 갈루피를 기리기 위한 광장. 부라노 성당에서 지휘와 작곡을 하다가 베네치아 산 마르코 성당의 지휘자로 발탁되어 활동했다. 문화가 융성했던 18세기 베네치아에서 음악가로 유명하다는 것은 지금의 빌보드차트 순위권에 오른 것과 유사하다. 이후 갈루피는 영국, 프랑스로까지 영역을 넓혀 활동했다. 부라노섬에서 가장 넓은 광장이다.

📷 Photo Zone.

컬러풀한 부라노의 집들이 한눈에 펼쳐지는 부라노 다리. 부라노에서의 첫 번째 필수 포토존이다. 부라노를 소개할 때 가장 많이 볼 수 있는 포인트. 여름철에는 사진을 찍기 위해 차례를 기다려야 하는 경우도 있다. 그럼에도 결과물은 대만족!

Good to Know. 부라노 레이스

부라노는 최고의 핸드메이드 레이스로도 유명하다. 그 옛날 대부분 시간을 바다에서 보내는 어부 남편을 기다리는 부인들이 광장에 모여 뜨개질을 하는 것에서부터 시작 되었는데, 후에는 정교한 부라노의 레이스가 유럽 전역으로 퍼지며 유명해졌다. 베네치아 본 섬의 귀족들이 부라노 레이스로 만든 드레스를 입는 것이 유행이 되고, 레이스를 짜는 부라노 여성들이 프랑스에 스카웃 되어 중요한 레이스 작업을 할 정도였다. 레이스가 가득 담긴 식탁보를 만드는 데까지는 무려 5개월이 걸릴 정도로 손이 많이 간다. 현재는 부라노에서 만들어진 레이스가 유럽 왕실의 침대보, 식탁보로 쓰이며 세계 부호들에게 러브콜을 받고 있다. 식탁보와 스카프가 베스트셀러인데, 레이스가 많이 포함되어 있을수록 가격도 높아진다. 지인들을 위한 기념품으로는 5유로부터 시작되는 이니셜이 새겨진 하얀 레이스 손수건이나 책갈피를 추천한다. 가격과 무게가 가벼울뿐더러, 지금까지 선물했던 지인들의 만족도도 100%! 부라노에서도 중국산 레이스를 판매하고 있으니 가격이 너무 저렴하다면 조심하자. Made in Italy와 Made in Burano 또한 다른 퀄리티이니 점원에게 꼭 확인하고 구매할 것.

| 3 | **Photozone BEST 4**
포토존 BEST 4 |

Burano

Ⓜ Map → ⑦-부라노

부라노에서 놓쳐서는 안될 포토존! 이외에도 인생샷을 남길 수 있는 곳은 부라노에 얼마든지 많다. 곳곳에서 아끼지 말고 카메라 셔터를 누르자.

Tip.
부라노섬에는 약 2,000명의 주민들이 일상을 살아가고 있다. 사진을 찍을 때는 고성방가를 삼가고, 집에서 약간 떨어져 촬영하는 등의 기본적인 예의를 지켜주면 어떨까. 여행자와 더불어 살아가는 그들의 삶을 지켜주는 멋진 여행자의 모습을 보이자.

a. 노을

부라노섬에서 놓칠 수 없는 한가지가 더 있다면 바로 노을이다. 수상버스 선착장 맞은편으로 쭉 걸어가면 나오는 해변 쪽 뻥 뚫린 공간은 노을을 감상하기 최적의 포인트. 베네치아 석호 지대를 오렌지 빛으로 물들이며 떨어지는 태양은 눈을 뗄 수 없을 정도로 아름답다. 아쉬운 하루를 마무리하며 찰칵!

Ⓜ Map → ⑦-부라노

b. 보색 대비 집

보색 대비의 집들 사이에서는 커플 사진을 찍기에 안성맞춤이다. 두 색을 경계로 손을 잡고 서서 자연스럽게 서로를 바라보는 것도 좋고, 손을 잡은 채로 카메라를 보며 쑥스럽게 웃어보아도 예쁘다.

Ⓜ Map → ⑦-부라노

c. 무지개길

무지갯빛으로 옷을 입은 작은 집들 사이로 쏟아지는 햇살은 멋진 사진 작품을 완성한다. 골목길 사이를 자연스럽게 거닐며 찍으면 인생샷 하나 추가요! 커플샷이라면 서로를 향한 사랑스러운 눈빛 장착은 필수.

Ⓜ Map → ⑦-부라노

e. 한가한 골목

여행자들로 북적이는 메인 로드에서 벗어나 외곽으로도 발걸음을 옮겨보자. 지반 침하로 인해 오른쪽으로 1.82m 기울어진 부라노 성당의 종탑은 금방이라도 쓰러질 듯 위태위태. 놓치면 아쉬운 구경거리.

Ⓜ Map → ⑦-부라노

Nearby. 베네치아의 숨겨진 보물, Mazzorbo 마쪼르보

와인과 초록이 가득해 힐링할 수 있는 작은 섬. 그리고 파인다이닝을 좋아한다면 마쪼르보섬에 갈 이유는 충분하다.

01 Venissa Winery Restaurante 베니싸 와이너리 레스토랑 (p.078)
베니싸 와이너리를 바라보며 파인다이닝을 즐길 수 있는 미슐랭 스타 레스토랑.

02 Trattorio alla Maddalena 트라토리아 알라 막달레나
전통 베네치아 가정식을 요리하는 곳을 꼽으라면 주저하지 않고 이곳을 추천한다. 인근해에서 잡아 올린 신선한 해산물로 만든 에피타이저 샘플러, 첫 번째 디쉬인 해산물 파스타와 새우 리조또가 아주 일품. 메인 메뉴로는 탱탱한 식감의 새우, 오징어가 가득 들어간 해산물 모둠튀김을 추천한다. Ⓜ Map → ⑦-마쪼르보

마쪼르보 가는 법 마쪼르보는 부라노와 다리 하나로 연결되어 있다. 부라노섬을 구경한 후 도보로 이동한다면 약 5분 거리. 본 섬에서 출발한다면 12번 수상버스를 타고 부라노 전 정거장인 Mazzorbo에서 하선하면 된다. 수상택시로 이동한다면 편도 요금은 약 140유로.

추천 인근섬 토르첼로 & 리도

무라노와 부라노로 향한다면 다음에 소개하는 두 곳 역시 추천. 각기 다른 매력의 섬을 만나보자.

Torcello 토르첼로 : 베네치아의 시작

훈족을 피해 피난 온 베네치아인들이 처음으로 발을 들이고 살았던 곳. 참으로 차분하고 고즈넉한 이 섬. 베네치아의 옛모습을 상상하며 자연을 느낄 수 있는 곳.

01 Ponte del Diavolo 악마의 다리
베네치아 초기 다리의 모습을 그대로 간직하고 있는, 악마와의 협상으로 완성했다는 전설을 가지고 있는 무시무시한 다리. 토르첼로의 차분한 분위기를 배경으로 한 포토존으로 인기가 많다.
Ⓐ Laguna Veneta, 30142, Venezia VE / 토르첼로 정류장에서 도보 5분
Ⓜ Map → Ⓣ-토르첼로

02 Chiesa di Santa Fosca 산타 포스카 성당
10~12세기에 지어진 것으로 추정되는 성당. 시간이 만들어낸 세월의 미학이 느껴진다. 벽돌 하나 하나 정성껏 쌓아 올려 만들어진 이 오랜 성당, 덧대지고 덧대졌지만 아름답고 아름답다.
Ⓐ Fondamenta dei Borgognoni, 24, 30142 / 토르첼로 정류장에서 도보 8분 Ⓜ Map → Ⓣ-토르첼로

토르첼로 가는 법
부라노에서 수상버스(12번 Burano-Torcello)로 약 5분 정도 소요된다. 버스 운행이 많지 않으니 토르첼로에 도착하면 되돌아 오는 버스 시간표를 확인하고 움직이는 것을 추천한다.

Must Try. 토르첼로 산책
토르첼로 선착장 옆으로 난 운하를 따라 걸으며 시작되는 토르첼로 여행. 섬에 난 큰 길을 따라 걷다 보면 대부분의 토르첼로 포인트를 만날 수 있다.

Good to Know. 가장 번영했던 토르첼로
과거 약 2만 명이 살고 있던, 베네치아에서 가장 번영했던 토르첼로는 물길을 다스리는데 실패하며 서서히 무너졌다. 육지에서 수로로 진흙이 흘러들며 배가 들어오지 못했고, 이후 물이 고여 모기가 많아지며 말라리아 발병에까지 이르렀다. 사람들은 살길을 찾아, 물이 흐르는 곳을 찾아 다른 곳을 찾아 떠나가게 된 것. 그렇게 정착했던 곳이 지금의 리알토 다리 주변이다. 강성했던 토르첼로, 지금은 약 20명 정도가 섬을 지키고 있다.

Tip. Lido On Bike 리도 자전거 대여
리도를 여행하기 가장 좋은 교통 수단은 자전거. 바닷바람을 가르며 시원하게 쭉 뻗은 리도섬을 달려보자. 렌트 하기 전 신분증을 맡겨야 하며, 18세 미만은 대여할 수 없다.
Ⓐ Gran Viale S.M. Elisabetta, 21/b, 30126 / 리도 수상버스 정류장에서 도보 2분
Ⓗ 매일 09:00~19:00 Ⓟ 대여료 : 1시간 30분 €5 Ⓜ Map → Ⓣ-리도

Lido 리도 : 베네치아인들의 휴양지

베네치아에서 해수욕을 즐길 수 있는 섬 리도. 자연이 만든 섬 리도는 11km에 달하는 해안선과 모래사장이 있어 휴양지 느낌이 가득하다.

01 Blue Moon 블루 문
리도 수상버스 정류장에서 내려 직진으로 15분 정도 걷다 보면 해변과 마주할 수 있다. 해변가 앞의 비치 바에서 신발을 벗고 발가락 사이를 간지럽히는 해변의 모래알을 느끼며 맥주 한잔! 남국의 햇살을 받으며 여유를 만끽하자. 가을과 겨울은 해수욕장이 휴장하기 때문에 주변의 대부분의 비치 바도 문을 닫는다.
Ⓐ Lungomare Guglielmo Marconi, 1-17, 30126 Lido/ 리도 역에서 도보 10분
Ⓗ 월~일 09:00~22:00 Ⓟ 맥주 한 잔 €5 Ⓜ Map → Ⓣ-리도

02 Palazzo Mostra de Cinema 팔라쪼 모스트라 데 시네마
세계 3대 영화제인 베니스 영화제가 열리는 팔라쪼 모스트라 데 시네마Palazzo Mostra de Cinema. 영화제 기간인 여름에는 세계에서 모여든 영화인과 관람객으로 발 디딜 틈이 없다. 하지만 영화제 기간을 제외하고는 오픈하지 않기 때문에 내부조차 관람이 어렵다.
Ⓐ Lungomare Guglielmo Marconi, 30126 / Pattinaggio 정류장에서 도보 5분
Ⓜ Map → Ⓣ-리도

리도 가는 법
로마 광장 : 6번(약 28분), 5.1번(약 33분), 5.2번(약 44분) / 페로비아 역 : 1번(약 55분)
산 마르코 광장 역(San Marco-S.Zaccaria) : 1번(약 15분)

EAT UP

베네치아 사람들은 6끼를 즐긴다?
달콤한 크루아상과 커피로 하루를 열고, 아드리아해에서 갓 잡아 올린 신선한 해산물이 가득한 베네치아식 전통 아침 식사를 즐긴다. 디저트로는 이 지역이 원조인 티라미수! 하지만 여기까지는 전초전일 뿐!
일상의 쉼표를 찍게 하는 상큼한 식전주 아페르티보 타임, 피로를 덜어주는 시원한 젤라또와
쇼윈도우로 고개를 내밀고 있는 오픈 샌드위치 트라미지니를 즐기는 것도 놓칠 수 없다.
골목골목에 보석같이 숨어있는 맛집을 찾아 누비다 보면 나도 모르게 6끼 정도는
가뿐하게 즐기고 있다는 사실을 알아차리게 될 것. 먹고 보고 즐기는 것. 이것이 진짜 행복한 여행 아니겠는가.

01

PASTICCERIA : 갓 구운 빵과 커피 한 잔으로 시작하는 달콤한 아침

02

CAFÉ : 커피 향기와 함께 느끼는 이탈리아

03

GELATO : 누구나 동심으로, 젤라또

04

STREET FOOD : 거리에서 느끼는 이탈리아 셰프의 손길

05

LUNCH & DINNER : 꽁꽁 숨겨두고 싶은, 현지 레스토랑

SPECIAL

취향 저격! 우리 와인 한잔 할까요?

06

APERTIVO TIME : 일상을 행복하게 만드는 순간, 아페르티보 타임

07

BACARO ROAD TOUR : 골목골목 숨겨진 치케티 바

PASTICCERIA : 갓 구운 빵과 커피 한 잔으로 시작하는 달콤한 아침

Pasticceria : 갓 구운 빵과
커피 한 잔으로 시작하는 달콤한 아침

여행지에서의 아침은 설렌다. 학교 가는 아이들, 출근하는 사람들과 함께 도시가 서서히 깨어나는 장면을 보고 있노라면 이곳도 관광지만이 아닌 매일매일의 삶이 이어지는 공간이라는 것을 깨닫는다. 단골 카페에서 커피와 브리오쉬를 앞에 두고 신나게 수다를 떨고 일터로 향하는 사람들. 이런 로컬의 활기찬 아침을 느끼기에 더 없이 좋은 카페. 달콤한 베네치아 여행의 달콤한 아침을 시작해보자.

Plus. 파스티체리아?

직접 갓 구운 페이스트리와 커피를 파는 곳인 파스티체리아 Pasticerria. 달달한 빵과 커피를 즐기려는 로컬들로 이른 아침부터 발 디딜 틈 없이 북적인다. 베네치아에만도 수십 개에 달하는 파스티체리아가 있지만, 모두 다른 레시피와 카페 분위기로 주인장의 개성을 느낄 수 있다. 그래서인지 취향에 맞는 파스티체리아를 찾으면 평생 단골이 되기도 한다고 한다. 우리도 베네치아에서 단골 카페를 찾아볼까?

Tip.

파스티체리아는 우리나라 카페처럼 앉아서 여유롭게 시간을 보내는 공간은 아니다. 테이블과 의자가 아예 없는 곳도 많다. 간단하게 서서 커피와 빵을 먹는 분위기. 만약 테이블이 있고 서빙을 받을 경우 자리세(코페르토 Coperto)가 2~6유로 정도 추가된다.

Pasticceria dal Mas
파스티체리아 달 마스

INFO
Ⓐ Rio Terà Lista di Spagna, 150, 30121 / 산타 루치아 역에서 도보 3분 Ⓗ 월~토 07:00~19:30, 일 07:30~19:30 Ⓟ 카푸치노 €1.8 Ⓜ Map → ③-A-2

한참을 쇼케이스에 눈을 두고 고민해야 할 만큼 페이스트리의 가지 수가 많다. 크루아상 등 전통적인 빵 종류에서부터 머랭에 달콤한 생크림을 샌드처럼 넣은 메링가 Meringa까지, 착한 가격에 퀄리티와 맛 또한 베스트! 아침을 활기차게 시작하는 로컬과 여행자들로 늘 붐벼 지루할 틈이 없는 곳이다. 주문 전 바리스타가 "디 솔리또?Di solito?(같은 걸로 줄까?)"라고 물어볼 정도로 작가의 단골 아침 식사 카페다. 산타 루치아 기차역에서 도보로 약 3분 밖에 걸리지 않아 접근성도 좋다. 커피와 빵을 좋아하는 사람이라면 후회하지 않을 곳.

Pasticceria Rizzardini
파스티체리아 리짜르디니

1742년 문을 열고 무려 280여 년 동안 베네치아인들의 아침을 책임져 온 파스티체리아 터줏대감. 내부는 지나온 세월만큼 아담하고 시골집 같은 앤티크한 분위기. 몇 명만 들어와도 꽉 찰 것 같은 작은 공간에 테이블과 의자가 하나도 없지만, 오히려 손님과 주인의 경계가 허물어져 서로에게 자연스럽게 안부를 묻게 되는 집. 그래서인지 이곳에서 평생 아침을 해결한 이웃 단골이 많다. 가족이 함께 매일 아침 빵을 굽고 커피를 만든다. 오랜 전통의 베네치아 커피와 브리오쉬를 맛보고 싶은 여행자에게 추천.

INFO
Ⓐ Campiello dei Meloni, 1415, 30125 / 리알토 다리에서 도보 6분 Ⓗ 수~월 07:00~20:00, 화 휴무 Ⓟ 크레마 스포리아 €1.5 Ⓜ Map → ⑤-F-1

Tip. Best Brioche 베스트 브리오쉬

크림 브리오쉬 :
Brioche alla Crema
브리오쉬 알라 크레마

오리지널 브리오쉬 :
Brioche Vuote
브리오쉬 부오타

초콜릿 브리오쉬 :
Brioche alla Cioccolata
브리오쉬 알라 초콜라따

살구 잼 브리오쉬 :
Brioche alla Marmellata
브리오쉬 알라 마르멜라타

Dolce Vita Coffee
돌체 비타 카페

리알토 시장 상인들과 시장을 본 현지인들이 참새방앗간처럼 찾는 파스티체리아. 부드러운 리코타 치즈 케이크, 사과와 꿀을 듬뿍 넣은 애플파이로 시작하는 아침은 달콤하기만 하다. 새벽부터 일을 시작하는 이들을 위해 새벽 4시부터 오픈하니 베네치아를 떠나기 아쉬운 여행자라면 베네치아의 마지막 여행 스폿으로 선택해도 좋겠다. 창가를 향하고 있는 테이블과 의자가 6개뿐이다. 모두 서서 액티브 하게 즐기는 분위기의 카페.

INFO
Ⓐ Ruga dei Spezieri, 378, 30125 San Paolo / 리알토 마켓 역에서 도보 2분 Ⓗ 월~토 04:00~19:00, 일 06:00~19:00 Ⓟ 애플파이 €1.2 Ⓜ Map → ④-A-3

Pasticceria Tonolo
파스티체리아 토놀로

카페 안을 가득 메운 로컬들과 함께 활기찬 이탈리아에서의 아침을 맞이하고 싶다면 바로 여기다. 영국에서의 티타임을 생각나게 하는 예쁜 컵에 담긴 카푸치노는 맛을 보기도 전(대부분의 카페에서는 단단한 흰 머그컵을 사용한다) 이미 마음을 빼앗기게 되고, 입 안에 넣는 순간 사르르 녹아 없어지는 티라미수에 한번 더 감동하게 될 것이다. 1886년부터 이어져 오는 전통 있는 파스티체리아로 웃음과 활기참이 가득한 '가족' 바리스타들 덕분에 더욱 즐거워 지는 곳.

INFO
Ⓐ Calle S. Pantalon, 3764, 30123 / 산 토마 역에서 도보 4분 Ⓗ 화~토 07:45~20:00, 일 07:45~13:00, 월 휴무 Ⓟ 티라미수 €1.2 Ⓜ Map → ⑤-D-2

Writer's Story

이탈리아의 아침은 갓 구운 페이스트리와 카푸치노 한 잔. 무엇이든 잘 먹지만 이탈리아에 거주하며 적응이 힘들었던 식사가 있다면 바로 이 아침이었다. 아침이라면 밥과 반찬으로 세 끼 중 가장 든든하게 수십 년을 먹어왔던 몸인데, 기별도 가지 않을 것 같은 크기에 심지어 달달한 잼이 가득 든 빵, 그리고 빈속에 먹으면 안된다고 배워 왔던 커피로 아침식사를 해야 하다니. 처음 몇 개월간은 아침에 단 빵만은 먹지 못하겠다면서 여기저기 샌드위치라도 파는 카페를 찾아 헤매었다. 그러나 서서히 이 크루아상과 카푸치노 아침에 적응하게 되면서, 한국에 가면 아침마다 풍성한 우유 거품과 달콤한 빵의 조화를 잊지 못해 이탈리아 향수병이 도진다. 한번 빠지면 헤어나오지 못하게 되는 마성의 이탈리아 아침.

PASTICCERIA : 갓 구운 빵과 커피 한 잔으로 시작하는 달콤한 아침

알고 마시면 더 맛있는 이탈리아의 커피

대부분의 커피 이름은 에스프레소의 고장 이탈리아에서 만들어졌다.
알고 보면 너무나 사랑스럽고 재미 있는 커피 이름.

Writer's Story.

표정에서 감정이 그대로 드러나는 대부분의 이탈리아 사람과는 다르게 평소 포커페이스를 유지하시는 이탈리아 시아버지 까를로. 어느날 아메리카노를 마시려고 에스프레소에 뜨거운 물을 붓던 순간 눈이 마주쳤다. 까를로는 엄청나게 놀라며 당황스러운 표정을 지었다. "왜 맛있는 커피에 맹맹하게 물을 타나"며 "물에 치약을 풀어 양치하는 것과 비슷한 느낌"이라는 그의 말. 한평생 조그마한 이탈리아 시골 마을에서 에스프레소만을 마시며 살아온 그에게는 적지 않은 문화 충격일 법 하다. 그때를 떠올리며 까를로와 함께 있을 때는 아메리카노는 살짝 피한다. ^^

Caffè Espresso
카페 에스프레소

분쇄되어 있는 커피를 강한 압력으로 '빠르게Espresso' 추출한 것. 100% 커피로 물이나 우유에 희석시키지 않은 커피 본연의 맛을 느끼게 하는 이탈리인의 소울 커피다. 테이블에 놓인 설탕 한 봉지가 각 커피 회사들이 연구한 에스프레소 한 잔과 만났을 때 가장 맛있는 커피를 만들어 내는 양이라는 카데라 통신의 제보가 있으니 에스프레소에는 설탕을 아낌없이 가득 넣어 마셔보자. 쓴 커피와 달콤함이 만났을 때 커피의 진가가 발휘된다.

Cappuccino
카푸치노

카푸치노Cappuccino는 '작은 망또'라는 뜻으로, 망또라는 뜻의 '카푸치오Cappuccio'에서 파생했다. 진한 에스프레소 커피를 우유 거품으로 망토 덮듯 숨겼다고 해서 붙여진 이름이다. 이 센스! 사랑스럽다.

Wait.

우유가 많이 들어간 카푸치노나 카페라떼는 이탈리아에서 주로 '아침'에 마시는 커피이다. 주로 허기질 때 생각나는 커피. 점심 때까지는 괜찮지만 저녁 식사 후 카푸치노를 오더하는 것은 허비한 느낌을 주기도 한다.
우유가 든 부드러운 커피를 식후 즐기고 싶을 때는 카페 마끼아또 혹은 마끼아또네를 추천한다.

현지인 싱크로율 100% 에스프레소 즐기기

에스프레소 본고장 이탈리아에 왔으니, 아메리카노와는 잠시 안녕 하고 에스프레소와 조우해보자.

1. 바리스타와 아이 컨택을 하고 "운 카페, 페르 파포레Un Caffè, Per favore(커피 하나 주세요)"라고 주문한다. 주문을 위해 한 줄 서기를 하는 경우는 거의 없다. 뭉게구름처럼 바 주변에 모여 있으니, 눈치껏 순서를 파악하고 자신 있게 큰 소리로 주문하자.

2. 얼마 지나지 않아 빠른 속도로 에스프레소를 내어준다. 커피를 받으면 테이블 곳곳에 있는 작은 설탕 봉지 하나를 들고 커피에 탈탈 털어 넣는다.

3. 세네 번 커피를 휘휘 저어 설탕을 녹이고, 입 안에 두세 번 만에 탁 털어 넣는다. 참고로 이탈리아어로는 커피를 '마신다(Bere베레)'라고 하지 않고 '가지고 간다(Prendere프렌데레)'라고 한다.

4. "Quanto Costa?콴토 코스타?(얼마에요?)"라고 물어본 후 계산. 대부분 거스름돈을 테이블에 휙 던져준다. 우리에게만 그러는 것이 아니니 기분 나쁘게 생각하지 말자.

5. "Ciao, Grazie 챠오, 그라찌에(안녕히 계세요, 고맙습니다)"하고 인사!

Tip. 설탕의 종류

거의 모든 카페 테이블에는
세 가지 종류의 설탕이 준비되어 있다.

흰 봉지 : 흰 설탕
노란 빛 : 황 설탕
얇은 설탕 : 다이어트 슈가

흰 설탕   황 설탕   다이어트 슈가

Caffè Macchiato
마끼아또

커피에 '조그마한 점을 찍다'라는 의미의 마끼아또. 쓴 맛이 강한 에스프레소에 우유를 조금 넣어 약간의 부드러움을 추가한 것. 우리나라의 달콤한 카라멜 마끼아또를 생각하고 주문했다가는 전혀 다른 맛에 당황하게 될 수도. 이탈리아에서 마신 마끼아또의 맛을 잊을 수 없다면, 한국에서는 '에스프레소 마끼아또'를 주문하면 된다.

Caffè Affogato
아포가토

'차가운 젤라또가 뜨겁고 쓴 에스프레소에 익사했다!'라는 뜻의 아포가토. 햇살이 좋아 테라스에 앉아서 노닥거리고 싶은 날 마시면 딱 크리미하고 시원한 느낌이 좋은 음료. 젤라또가 들어가는 음료인 만큼 젤라또와 커피를 함께 판매하는 카페에서 주문 할 수 있다.

Caffè Americano
카페 아메리카노

아메리카노는 America+no(~사람의)가 만나 '미국 사람의'란 뜻을 가진 커피. 제2차 세계대전 당시 이탈리아로 파견된 미국 군사들이 에스프레소를 처음 맛보았는데, 너무 써서 마시지 못하고 여기에 물을 타서 마신 것에서부터 유래되었다고 한다. 예전에는 이탈리아에서 아메리카노를 주문하면 특이한 눈으로 바라보곤 했지만, 지금은 대부분의 카페 메뉴에 이름을 올리고 있다. 조금 다른 것은 에스프레소와 뜨거운 물을 따로 주는 카페도 있다는 점.

Caffè Corretto
카페 코레또

에스프레소에 40~50도 정도의 보드카 같은 베네토 전통주 그라파를 약간 넣은 알코올 커피로 추운 날에는 이 한잔에 몸이 샤르르 녹는 느낌. 베네치아 인근 알프스의 추운 산악 지방에서 즐겨 마신다. 식후 소화에도 아주 좋다.

Plus.

'시원한' 아이스 아메리카노를 즐기는 법

요즘은 이탈리아에서도 아메리카노 커피를 손쉽게 찾아볼 수 있지만, 아이스 아메리카노는 이야기가 조금 다르다. 이탈리아 소도시 어디쯤에서는 그 존재를 모르는 곳도 많다. 무작정 아이스 아메리카노를 주문하면 뜨거운 아메리카노에 얼음을 한두 개 넣어주는데, 10초쯤 지나면 결국 미지근한 아메리카노와 마주하게 된다. 아이스 아메리카노를 달라고 했는데, 이렇게 미지근하면 어떻게 하냐고 항의라도 할라치면, "'아메리카노'에 '아이스'를 넣은 것이 '아이스 아메리카노' 아니냐"는 꽤나 합리적인 답변을 들을 것이다. 확실하게 시원한 아메리카노를 주문하고 싶다면 에스프레소 한 잔과 얼음을 가득 담은 차가운 물 한 잔을 따로 주문하자. 차가운 얼음물에 에스프레소를 풍덩 담그면 베네치아의 무더위를 날려줄 아이스 아메리카노 완성!

CAFE : 커피 향기와 함께 느끼는 이탈리아

Caffé Florian 카페 플로리안

EAT UP 2.

Café :
커피 향기와 함께 느끼는 이탈리아

바에 서서 간단하게 에스프레소 한잔을 빛의 속도로 마시고 자리를 쿨하게 뜨는 이탈리아의 카페 문화.
이곳에서는 느긋하게 테이블에 앉아 시간을 보낼 수 있는 카페가 드물다. 하지만 가끔은 카페에 앉아 가만히 풍경도 보고 사람들을 구경하는 것도 여행의 재미. 산 마르코 광장을 멋지게 즐길 수 있는 카페 플로리안부터 로컬 커피 전문 브랜드에서 운영하는 카페까지. 커피 향기와 함께 이탈리아에 빠져보자.

Caffé Florian
카페 플로리안

겨울이 가고 봄이 오면 산 마르코 광장 안에 생기가 퍼진다. 플로리안 카페가 겨울잠에서 깨어나 연주를 시작하기 때문. 산 마르코 광장에 음악이 울려 퍼지면 그때서야 이 곳이 살아있는 광장이라는 느낌이 든다. 괴테, 카사노바와 다른 세기에 같은 공간을 공유하는 것만으로도 벅찬데, 아름다운 클래식 연주까지 더해지니 굳이 1720년에 오픈한 세계에서 가장 오래된 카페라는 말을 하지 않아도 될 듯 하다. 그래서인지 플로리안에 내는 자릿세 6유로가 아깝지만은 않다. 파란 하늘, 불어오는 바람, 음악, 그리고 지금 이 곳 베네치아. 테라스에 앉아 조용히 산 마르코 성당의 아름다움을 느껴보자. 전세계에서 오는 여행자들을 구경하는 것도 빠트릴 수 없는 재미. 카페 안 Bar에서 서서 마실 경우 자릿세를 받지 않는다.

> **Tip.**
> 커피도 좋지만, 플로리안 핫초코는 세계 5대 핫초코에 뽑힐 만큼 맛있다. 핫초코인 '초콜라떼 인 타짜Cioccolate in Tazza'와 핫초코에 민트 크림이 든 '초콜라떼 카사노바 Cioccolate Casanova'를 추천한다.

INFO
Ⓐ Piazza San Marco, 57, 30124 / 산 마르코 광장 내　Ⓗ 매일 09:00~24:00
Ⓟ 초콜라떼 카사노바 €7(Bar 기준)　Ⓜ Map → ⑥-E-4

Caffè la Sera 카페 라 세라

2 Caffè la Sera
카페 라 세라

베네치아에서 가장 애정하는 공간 중 하나. 잔디가 깔린 초록 정원에 앉아 아드리아해에서 불어오는 바람을 맞으며 커피를 즐길 수 있는 곳. 녹지가 많지 않은 베네치아에서 초록이 그립거나 혼자서 여유로운 시간을 보내고 싶을 때 항상 찾게 되는 곳이다. 숲 속에서 일광욕 하듯 느긋하게 베네치아에서의 순간을 즐기는 사람들이 가득하다. 관광지에서의 서두름과 약간 긴장된 마음을 무장해제 시키는 베네치아의 비밀의 화원. 느그적 느그적 늦잠 자고 나와 여유로운 커피 타임이나 모닝 스프리츠를 즐기기에도 제격이다. 마음껏 뛰어 놀 수 있는 잔디밭이 있어 아이들과 함께 오기에도 좋다.

INFO
Ⓐ Viale Giuseppe Garibaldi, 1254, 30121 / 자르디니 DX 역에서 도보 2분 Ⓗ 매일 10:00~20:00
Ⓟ 샤케라또 €3.5 Ⓜ Map → ⑥-F-4

3 Al Parlamento
알 파를라멘또

왠지 오늘은 노트에 뭔가 끄적이고 싶거나 책을 읽고 싶을 때 찾게 되는 곳. '이야기'라는 뜻의 카페인 만큼 주인장과 바리스타들도 오픈 마인드와 친절함으로 무장. 매일 아침마다 커피를 마시러 오는 동네 주민, 인근 학교에서 공부하는 학생들이 참새방앗간처럼 들르는 편안한 카페이다. 큰 윈도우 밖으로 비추는 소운하가 여행의 맛을 더해준다. 날씨가 좋은 날이면 운하 옆에 마련되어 있는 야외 테라스에서 게으름을 피워도 좋다.

INFO
Ⓐ Sestiere Cannaregio, 511, 30121 / 페로비아 역에서 도보 7분 Ⓗ 매일 07:30~01:30 Ⓟ 마끼아또 €2.5
Ⓜ Map → ③-A-1

CAFE : 커피 향기와 함께 느끼는 이탈리아

4. Majer
마제르

베네치아에 모두 8개 지점이 있어 잊을 만하면 골목 어딘가에서 반갑게 '툭' 튀어나온다. 모든 커피는 중앙 아시아에서 직수입해 직접 로스팅하고 페이스트리도 1924년부터 이어져 온 베네치아 전통 방식의 레시피를 따라 매일 구어 낸다. 출출할 때 곁들일 빵과 샐러드가 있고, 전날까지 온라인(www.majer.it)으로 주문하면 피크닉 도시락을 만들어 주는 매장도 있다. 골목을 걷다 마제르 카페를 발견한다면 망설일 필요 없다. 쇼윈도우에 비친 맛있는 음식들과 향기에 이끌려 카페로 발걸음을 옮기고 있는 나를 발견하게 될 것이다.

Tip.
리알토 다리와 산 마르코 광장 주변은 365일 관광객으로 북적이는 곳이다. 커피와 함께 여유로움을 즐기고 싶다면 관광지를 살짝 벗어난 곳으로 목적지를 정하는 것이 좋다.

INFO
Ⓐ Calle Ghetto Vecchio, 1227, 30121 외 7개 매장 / 페로비아 역에서 도보 8분 Ⓗ 매일 07:00~21:00 Ⓟ 에스프레소 €1.4 Ⓜ Map → ③-A-1

5. Bottega del Caffè Dersuit
보테가 델 카페 데르수트

제2차 세계대전 후, 베네치아에서 약 50km 떨어진 소도시 꼬넬리아노에서 작은 로스팅 회사로 시작한 데르수트. 지금은 베네토 지역을 대표하는 커피 브랜드로 거듭났다. 많은 개인 카페에서 데르수트 커피 원두를 사용할 정도로 맛이 좋다. 전통적인 커피뿐 아니라 카페 민트, 카라멜 마끼아또 등 버라이어티한 종류의 커피를 맛볼 수 있는 곳.

INFO
Ⓐ Campo dei Frari 3014, San Polo / 산 토마 역에서 도보 3분, 리알토 다리에서 도보 8분 Ⓗ 매일 06:00~19:00 Ⓟ 카푸치노 €2.5 Ⓜ Map → ⑤-E-1

Goppion Caffetteria
고피온 카페테리아

언제 마셔도 실망시키지 않는 맛있는 커피. 1859년 베네치아 인근 도시 트레비소의 커피콩 볶는 향기를 좋아했던 고피온Goppion 할아버지로부터 시작되었다. 매년 수백 가지의 커피콩을 테이스팅한 후 고피온 커피가 될 최고의 커피콩들을 선별한다. 특히 풍부한 향과 맛이 극대화 될 수 있도록 블렌딩 하는 실력이 출중하기로 유명해 현지인들도 즐겨 찾는 카페다. 카페에서 비알레티 모카포트 등 커피 제품도 판매하고 있어 구경하는 재미도 쏠쏠하다. 커피가 취향에 맞는다면, 다양한 원두 종류 또한 포장 판매하고 있으니 이탈리아 커피 향기를 집으로 데려가는 것도 좋겠다.

INFO
Ⓐ Ruga Vecchia S. Giovanni, 644, 30125 / 산 마르쿠올라 역에서 도보 3분 Ⓗ 매일 06:30~19:00 Ⓟ 카푸치노 €1.5 Ⓜ Map → ④-A-3

Torrefazione Cannareggio
또레파지오네 까나레지오

길을 걷다 커피 볶는 향기를 맡았다면? 바로 여기다. 1930년부터 직접 선별한 커피 콩을 매일 아침 볶아 베네치아에서 최고로 신선한 커피를 맛볼 수 있는 곳. 세계 각지에서 방금 도착한 것 마냥 놓여져 있는 커피 포대가 즐거운 호기심을 불러일으킨다. 베이커리 종류가 많지는 않지만, 커피를 볶는 구수한 향을 느끼며 아티잔 커피를 맛보고 싶다면 지나칠 수 없는 곳이다. 카페는 베네치아에 한 곳뿐이지만 공항 면세점과 유명 마트에서도 로스팅된 커피를 판매하고 있다.

INFO
Ⓐ Fondamenta dei Ormesini, 2804, 30121 / 산 마르쿠올라 역에서 도보 6분 Ⓗ 월/화/목/토 07:00~19:30, 수 09:00~18:00, 일 09:00~18:00 Ⓟ 카푸치노 €1.4 Ⓜ Map → ③-A-1

GELATO : 누구나 동심으로, 젤라또

Gelato di Natura - San Giacomo dall'Orio
젤라또 디 네쮸라 - 산 쟈코모 다둘리오 점

Gelato : 누구나 동심으로, 젤라또

이 작은 젤라또 콘 안에 디즈니 랜드라도 들어있는 걸까?

꼬꼬마 아이들부터 수트를 말끔하게 차려 입은 젠틀맨과 노부부까지, 젤라또 하나면 얼굴에 행복한 웃음이 가득하다. 콘에 담긴 부드럽고 달콤한 젤라또를 '낼름 낼름' 먹는 재미, 1일 1젤라또가 아닌 1일 2 젤라또 하고 싶어지게 만드는 곳들.

Tip.

젤라또, 콘 vs 컵?!
젤라또를 주문하면 항상 물어보는 말이 있다.
"Coppetta o Cono? 코페따 오 코노?(컵에 줄까요, 콘에 줄까요?)"
젤라또는 아이스크림에 비해 빨리 녹기 때문에 컵에 담아 먹는 것이 편하다.
하지만 예쁜 젤라또 인증샷을 위해서라면 콘도 포기할 수는 없다.
한 장의 사진이냐, 편안함이냐. 그것이 문제로다.

이탈리아 상점 이름의 '-ria'
이탈리아어 명사에 '-ria'를 붙이면 '-를 파는 곳'이라는 의미가 된다.
예를 들어 'Pizza + ria = Pizzaria(피자리아)'는 피자를,
'Gelato + ria = Gelateria (젤라테리아)'는 젤라또를 파는 곳이다.

1. Gelato di Natura - San Giacomo dall'Orio
젤라또 디 네츄라 – 산 자코모 다로리오 점

베네치아에서 가장 맛있는 젤라또를 꼽으라면 주저하지 않고 바로 이곳을 꼽는다. 크리미하지만 닿는 순간 입안에서 샤르르 녹아 없어지는 맛. 크림의 텁텁함을 남기지 않는 깔끔함을 기본으로 원재료인 우유와 견과류, 과일 맛 등을 살려냈다. 35년 동안 가장 좋은 신선한 재료로 매일 젤라또를 만드는 장인의 손길을 느낄 수 있을 곳. 부드러운 맛을 좋아한다면 헤이즐넛과 피스타치오를, 상큼한 맛을 선호한다면 레몬, 딸기맛처럼 우유가 들어있지 않는 샤베트를 추천한다. 어떻게 '찰떡 아이스'가 베네치아에 있는지 알 수 없지만, 부드럽고 쫄깃한 떡 안에 가득 든 시원한 젤라또는 왠지 고향의 맛마저 느끼게 해주는 요물! 젤라또는 유지방 함량과 칼로리가 아이스크림에 비해 30% 가량 낮다.

INFO
- Ⓐ Santa Croce, 1628, 30135 / 페로비아 역에서 도보 10분
- Ⓗ 매일 10:30~23:00 Ⓟ 한 스쿱 €1.8 Ⓜ Map → ③-B-2

Tip.
젤라또를 받아들고 바로 앞 캄포인 San Giacomo dall'Orio로 나가보자. 햇살을 흠뻑 머금은 양지 바른 곳에 위치해 늘 액티브함이 넘치는 곳. 캄포 안의 벤치에 걸터앉아 즐기는 여유로운 젤라또는 맛이 2배!

2. La Mela Verde
라 멜라 베르데

베네치아에서 가장 유명한 젤라또 가게 중 하나. 알고 보니 비밀은 사용하는 재료에 있었다. 이탈리아의 유명 산지에서 원재료를 직접 공수해온다. 헤이즐넛은 피에몬테에서, 피스타치오는 초록색 금이라고 불리는 시칠리아의 브론떼 산을 사용한다. 딸기, 사과 등 과일은 제철에 나는 것만 사용하고, 트랜스지방과 인공색소를 넣지 않는 것은 물론이다. 건강하고 크리미한 맛의 젤라또를 좋아한다면 이곳이 제격.

INFO
- Ⓐ Fondamenta de l'Osmarin, 4977A / 산 마르코 광장에서 도보 5분
- Ⓗ 매일 11:00~23:00 Ⓟ 한 스쿱 €2
- Ⓜ Map → ⑥-F-3

3. Il Doge
일 도제

베네치아를 걷다 젤라떼리아 앞에 자신감 있게 내세운 'BEST GELLATO IN VENICE'라는 문구에 나도 모르게 발걸음을 옮긴 곳. 트랜스지방과 인공색소를 넣지 않는 것은 물론 모든 젤라또는 최상의 재료만을 사용해 만들어져 젤라또 부분 최고 상을 받았다고. 스파이시 초콜릿, 진저 초콜릿 등 무려 6가지가 넘는 다양한 초콜릿 맛으로 마니아들을 유혹하는 곳이니 초콜릿을 좋아하는 여행자라면 들러보자.

INFO
- Ⓐ Dorsoduro 3058/A, Rio Tera Canal, 30123 / 산 토마 역에서 도보 2분
- Ⓗ 월~토 09:00~23:00, 일 09:00~21:00
- Ⓟ 한 스쿱 €1.5 Ⓜ Map → ⑤-E-1

1 We Love Italy Pasta to Go
위 러브 파스타 투 고

테이크 아웃 컵파스타라는 색안경을 쓰고 이 집으로 들어갔던 것을 인정한다. 하지만 몇 분 후, 종이컵에 담긴 파스타를 밑바닥까지 보이며 순식간에 비우고 나서야 비로소 이 가게의 진면목을 알게 되었다. 이곳은 오너 셰프가 직접 매일 생면을 뽑고, 소스를 만든다. 가게 이름답게 소스와 면에 들어가는 재료는 오직 이탈리아 산으로만 사용할 뿐 아니라 화학 첨가물 또한 일절 넣지 않는단다. 대신 새벽에 만든 소스를 영하 18도에서 보관해 모든 박테리아를 다 없앤다고. 자연과 시간이 만든 요리가 진정한 요리라고 생각하는 셰프 철학 때문이다. 그래서인지 바다 건너 미국 뉴욕과 스페인 바르셀로나에까지 매장을 열었다. 작가와 함께 맛을 본 현지인은 '면과 소스의 조화가 대단'하다며, 이런 파스타라면 1kg도 먹을 수 있을 것'이라 너스레를 떤다. 매일 다른 소스를 선보이는데 운 좋게 셰프의 강력 추천 메뉴인 바질 페스토를 하는 날 방문했다면 망설이지 말고 주문해보자.

INFO
Ⓐ San Marco, 5529, 30124 / 리알토 다리에서 도보 2분
Ⓗ 매일 11:30~17:00 Ⓟ 토마토 소스 파스타 €5
Ⓜ Map → ④-B-4

EAT UP 4. Street Food : 거리에서 느끼는 이탈리아 셰프의 손길

맛있는 길거리 음식을 손에 들고 아드리아해에서 불어오는 바람을 맞으며 자유롭게 걸어보자. 길거리 음식 조차 요리라고 부를 수 있게 만드는 이탈리아 장인 정신으로 정성껏 음식을 만드는 곳들.

2 Aqua e Mais
아쿠아 에 마이스

5유로짜리 새우와 오징어 믹스 튀김을 주문하니 고깔 모양에 해산물이 한 가득 넘칠 듯 하게 담겨 나온다. 베네치아 인근 섬에서 잡힌 신선한 해산물을 매일 공수해 요리하는 곳. 알비제Alvise 셰프의 손길로 얇은 튀김 옷을 입혀 그때 그때 바삭하게 튀긴다. 육즙 가득한 새우와 탱글 탱글한 오징어 튀김을 먹으며 운하변을 걸으면 콧노래가 절로 난다. 다만, 짠 맛에 익숙한 저자의 입맛에도 약간 짭조름 했으니, 싱겁게 먹는 여행자라면 "Con Poco Sale, per Favore콘 뽀꼬 쌀레, 페르 파뽀레(조금 덜 짜게 해주세요)"라고 소금 양을 조절하자.

INFO
Ⓐ Campiello dei Meloni, 1411-1412, 30125 / 리알토 다리에서 도보 5분 Ⓗ 매일 09:30~19:30 Ⓟ 오징어/새우 튀김 €5 Ⓜ Map → ⑤-F-1

Must Try. Frittura di Pesce 해산물 모둠 튀김

오징어, 새우, 정어리 등에 아주 얇은 튀김 옷을 입혀 튀긴 요리. 바삭한 식감과 해산물에 들어있는 육즙이 어우러져 경쾌한 식감을 자랑한다. 어디서나 실패 확률 제로이나, 조금 더 품을 들여 인근 섬이나 리알토 시장에서 아침마다 장을 봐 요리하는 해산물 식당으로 찾아간다면 인생 튀김을 만나 볼 수 있을 것이다.

Aqua e Mais 아쿠아 에 마이스

3 Farini
파리니

웬만한 피자리아보다 더 맛있는 피자를 만드는 조각 피자 집. 가게 안의 오븐에서 바로 바로 피자들을 구어 내 따뜻하고 다양한 피자를 맛볼 수 있다. 자릿세 없는 간단한 테이블이 마련되어 있어 잠깐 앉아서 쉬어 가기에도 좋다. 매콤한 살라미가 올라간 디아볼라 피자와 마일드한 맛의 부팔라 마르게따 피자를 추천한다.

INFO
Ⓐ Calle Seconda de la Fava, 5602, 30121 / 리알토 다리에서 도보 3분 Ⓗ 월~목 07:00~21:00, 금~일 07:00~22:00 조각 피자 €3.8 Ⓜ Map → ④-B-4

4 I Tre Mercanti
아이 트레 메르칸티

서울에도 분점을 낼 정도로, 이제는 너무나 유명해진 테이크아웃 티라미수 가게. 베네치아에는 100년이 넘은 레스토랑들이 많은데, 2007년에 문을 연 이 곳이 어떻게 승승장구 할 수 있는지 궁금해졌다. 일단 맛을 보자. 에스프레소를 흠뻑 머금은 비스킷과 부드러운 마스카포네 치즈가 층층이 쌓여 입안에서 샤르르르 녹는다. 단 맛을 선호하지 않는 필자에게도 이 티라미수는 한 통을 다 비울 수 있을 정도로 부드럽고 가벼웠다. 주인장에게 찾아가 비결을 물었다. 역시 비법은 기본과 전통에 충실했던 것. 티라미수는 1960년대 베네치아 근처 아름다운 도시 트레비소에서 처음으로 만들어졌다. 이 전통의 레시피를 변형시키지 않고 그대로 따르고, 가장 맛있는 재료를 손수 골라 매일 아침 신선한 티라미수를 만든단다. 전통 티라미수에 더해 피스타치오, 맥주 티라미수 등 창의적인 티라미수를 만드는 것을 시도하는 현 세대의 본분도 잊지 않는 곳. 직접 만든 스파게티 소스, 잼 등도 함께 판매한다. 달콤한 휴식이 필요할 때 방문 해보자.

Must Try. Tiramisu 티라미수

디저트 티라미수Tira-mi-su는 '나를 끓어 올려 주세요, 나를 기분 좋게 해주세요'라는 의미로 원조는 베네치아 인근 도시 트레비소다. 세계 어디든 그 음식이 탄생한 고장에서의 맛은 그 만의 아우라를 지닌다. 부드럽고 달콤한 치즈와 쌉싸름한 에스프레소를 가득 머금은 쿠키, 눈처럼 내려 앉은 코코아 가루의 티라미수가 식사의 마지막을 기분 좋게 장식해줄 것. 에스프레소가 꽤 많은 양이 들어 있으니 카페인에 민감한 여행자라면 참고하도록 하자.

INFO
Ⓐ Campo de la Guerra, 5364, 30122 / 산 마르코 광장에서 도보 3분 Ⓗ 매일 11:00~19:30 Ⓟ 오리지널 티라미수 €3.7 Ⓜ Map → ⑥-E-3

LUNCH & DINNER : 꽁꽁 숨겨두고 싶은, 현지 레스토랑

Ristorrante ai Barbacani 리스토랑떼 아이 바르바카니

EAT UP 5.
Lunch & Dinner :
꽁꽁 숨겨두고 싶은, 현지 레스토랑

여행지에서의 한끼는 두고두고 기억에 남는다.
관광지로 유명한 베네치아의 맛집에 더해 '현지인'만의 레스토랑을 찾기는 쉽지 않다.
하지만 골목 골목을 요리조리 들어가보면 어딘가 맛집의 아우라를 풍기며 반기는 곳들이 있다.
베네치아의 전통 요리부터 감각적으로 만들어낸 전통과 현대의 퓨전 요리까지.
한끼도 허투루 할 수 없는 그대에게 추천하는 베네치아에서의 오아시스 같은 식당.

Buon Apettito : 베네치아에서 꼭 맛봐야 하는 코스별 음식

요리에 둘째가라면 서럽고, 먹는데 둘째가라면 서러운 이탈리아! 이곳의 식사는 식전 음식(Antipasto) → 첫 번째 디쉬(Primo Piatto) → 두 번째 디쉬(Secondo Piatto) 순서로 식사를 즐기고, 이후 디저트(Dolce)와 커피(Caffee)를 마시는 순으로 진행된다. 기념일에는 코스 순서대로 혹은 순서에 한 두 개를 더해 대식이 이탈리아인다운 면을 보여주기도 하지만 평소에는 스타터 + 첫 번째 나 두 번째 디쉬 혹은 첫 번째 + 두 번째 디쉬를 주문하는 것이 일반적이다. 물론 양이 적다면 디쉬 하나만 주문해도 괜찮다.

기분에 따라 '골라 골라' 갈 수 있는 이탈리아의 식당 종류

Osteria 오스테리아
현지인들의 평소 식사처럼 간단하게 한끼 하고 싶은데?!

이탈리아 곳곳에서 가장 많이 찾아볼 수 있는 식당. 간단한 샌드위치나 음식, 와인 한잔이 주 메뉴다. 때때로 심플하지만 진정한 가정식을 맛보는 횡재를 누릴 수 있는 곳도 있다.

Trattoria 트라토리아
베네치아만의 전통 고급 가정식을 맛보고 싶어

제2차 세계대전이 끝나고 건축하는 이들에게 식사를 제공했던 것으로부터 시작된 트라토리아. 지금은 대대로 내려오는 집안의 전통적인 레시피로 고급 이탈리아 가정식을 제공하는 식당으로 변모했다. 이탈리아는 지역색이 강한 요리법을 가지고 있다. 각 지역을 여행할 때, 맛보고 싶은 그곳만의 전통요리가 있다면 트라토리아로 찾아가자.

Ristorante 리스토랑테
오늘은 나의 날이다! 멋진 요리와 와인을 즐겨보겠어

격식을 차린 웨이터가 서빙을 해주어 기분까지 좋아지는 고급 식당. 안티파스토부터 세컨드 디쉬까지 이어지는 코스 요리를 즐기러 간다. 여행 중 식사로 기분 내고 싶을 때, 파인 다이닝을 즐기고 싶을 때 찾게 되는 곳. 음식에 잘 맞는 와인 리스트도 꽤 다양하게 구비되어 있다.

베네치아 메뉴 보기

Antipasto 안티파스토
메인 디쉬들에 대한 기대감을 갖게 만드는 요리들. 새로운 음식을 맛보기 좋아하는 여행자에게 매력적인 코스로, 양이 많지 않아 메인 요리에 추가하면 좋은 구성이다. 샘플러 개념인 해산물 모둠 전체 요리 안티파스토 미스토 디 마레Antipasto Misto di Mare를 추천.

Primo Piatto 프리모 피아토
'첫 번째 접시'라는 뜻의 프리모 피아또는 주로 파스타, 리소또, 라비올리 등으로 구성된다. 고기 먼저 먹고 밥이나 냉면 등을 먹는 우리네와는 반대라는 점이 흥미롭다. 오징어 먹물 파스타, 해물 리조또 그리고 해물 수프를 추천한다.

Secondo Piatto 세콘도 피아토
메인 메뉴라고 불리는 세컨드 디쉬. 주로 고기나 해산물이 포함된다. 사방이 바다로 둘러 쌓여 해산물이 신선한 베네치아에서는 원재료의 맛을 충분히 느낄 수 있는 해산물 세콘도 피아토인 직화 그릴 피쉬, 모둠 튀김이 좋다.

Dolce 돌체
달콤하다는 뜻의 디저트 돌체. 식사를 마치고 디저트와 커피를 다른 곳에서 즐기는 우리나라와는 달리 대부분의 유럽에서는 식당에서 디저트까지 함께 즐긴다. 식사를 마치면 웨이터가 주문 여부를 물으니, 이때 주문하자. 베네치아 인근 도시에서 만들어진 티라미수는 대표적인 디저트.

Caffè 카페
디저트를 먹었다면 마지막은 커피. 식후 커피는 에스프레소 혹은 우유가 조금 든 마키아토를 추천한다. 이후 소화를 돕는, 알코올이 조금 들어간 다이제스티보Diestivo를 무료로 오퍼해주는 레스토랑들도 있다. 주로 레몬첼로나 그라파를 즐긴다.

1. Ristorrante ai Barbacani
리스토랑떼 아이 바르바카니

관광객이 많은 베네치아에서 맛을 음미하며 차분하게 식사를 즐길 수 있는 곳을 찾기란 쉽지 않은데, 이 곳은 분위기와 맛, 위치 삼박자를 고루 갖추었다. 자리에 앉자마자 내어주는 웰컴 프로세코는 더욱 기분을 좋게 한다. 메뉴는 해산물과 고기 요리로 구분되어 있는데, 첫 번째 디쉬인 생선 수프 Zuppa de Fish는 토마토와 신선한 생선살이 아낌없이 들어있어 진하고 따듯한 국물을 좋아하는 우리네 입맛에 아주 잘 맞다. 이곳에서 놓치지 말아야 할 것은 디저트 티라미수. 배가 빵빵해도 수저를 놓지 못하게 만드는 달콤 쌉싸름한 티라미수는 젤라또 마냥 입안에서 샤르르 녹아 없어지는 느낌이다. 옆 테이블에 앉았던 이탈리아 사람들도 연신 "Complimenti (아주 좋아요!)"를 외쳤다. 프리모, 세콘도 디쉬와 티라미수를 즐길 수 있고, 세트 메뉴 격인 22유로의 메뉴 디 피소 Menu di Pisso 또한 알차다. 만석인 경우가 많기 때문에 가능한 예약을 하는 것이 좋다. 4명 이상이라면 운하가 보이는 자리로 부탁하자. 베네치아 분위기를 한껏 느끼며 즐거운 식사를 할 수 있을 것.

INFO
Ⓐ Calle del Paradiso, 5746 / 리알토 다리에서 도보 5분 Ⓗ 화~일 12:00~14:30/18:00~22:00, 월 휴무 Ⓟ 메뉴 디 피소 Menu di Fisso (세트 메뉴) €22 Ⓣ 041-521-0234 Ⓜ Map → ④-C-4

Must Try. Zuppa di Pesce 생선 수프

베네치아에서 만난 고향의 맛이란 이런 것인가? 추운 겨울, 저자의 이탈리아 시어머니가 만들어 준 김이 모락모락 나는 국물이 가득한 해물 수프의 맛을 잊을 수가 없다. 새우, 게 등의 갑각류와 연어, 참치 살 등을 아낌없이 넣고 토마토와 함께 뭉근하게 끓여낸 요리. 맵지 않고 조미료가 들어 있지 맛있는 해물 짬뽕을 먹는 느낌이다. 함께 서빙되는 빵과 먹으면 가벼운 한끼 식사로도 손색이 없다.

2. Zanze XVI
잔제 XVI

스파게티와 피자에 지친 그대에게 오아시스 같은 레스토랑. 세계 50대 레스토랑 중 하나인 파리 앙스트랑스 레스토랑 Astrance Restaurant 셰프 출신 루카 Luca의 감각과 베네치아의 전통 요리가 만나 우아하고 세련된 그루멧 요리를 선보인다. 필자가 '드디어 베네치아에서 색다른 요리를 발견했어!'라고 환호성을 지른 곳. 특히 놀라웠던 것은 이탈리아식 회 카르파쵸 Carpaccio. 농어회에 토마토와 바질, 올리브 그리고 검정 곡물빵을 단단하게 구어 바삭바삭하게 만든 후, 크루통을 넣어 질 좋은 올리브 엑스트라버진 오일과 화이트 발삼익을 베이스로한 소스로 버무렸다. 양이 많지 않은 편임에도 도저히 남길 수 없는 맛. 편안한 음악과 댄디한 분위기, 물 흐르듯 깔끔하고 정중한 서비스는 음식들을 더욱 맛있게 만들어주는 조미료. 매 달 제철 요리 재료에 따라 메뉴 구성이 바뀌기에 언제나 행복한 식사를 즐길 수 있는 곳. 저녁에는 다섯 가지 혹은 여덟 가지 요리를 맛볼 수 있는 코스, 점심에는 두 가지 요리를 맛볼 수 있는 서프라이즈 런치 코스가 준비되어 있다. 단품으로는 주문할 수 없고 오직 이 세 가지 코스만 운영한다. 만석인 경우가 많으니 예약을 하는 것이 좋다. 예약은 홈페이지에서.

INFO
Ⓐ Santa Croce, 231, 30135 / 산타 루치아 역에서 도보 5분 Ⓗ 화~일 12:30~14:30/20:00~22:30, 월 휴무 Ⓟ 점심 메뉴 €25 Ⓤ zanze.it Ⓜ Map → ③-A-2

LUNCH & DINNER : 꽁꽁 숨겨두고 싶은, 현지 레스토랑

③ Venissa Winery Restaurante
베니싸 와이너리 레스토랑

마쪼르보섬에 위치한 베니싸 와이너리에서 운영하는 미슐랭 스타의 레스토랑. 요리에 사용되는 모든 채소와 과일은 마쪼르보섬에서 재배된다. 요리하기 바로 직전 밭으로 나가 채소를 캐오며 심지어 해산물 또한 식당에 소속된 어부가 매일 잡아 올린 것을 사용한다.
다섯 가지의 코스 요리부터 아홉 가지 디쉬가 제공되는 서프라이즈 코스까지 준비되어 있다. 베니싸 와이너리의 소믈리에가 각 디쉬별로 가장 잘 어울리는 와인을 선정한 와인 페어링 메뉴도 코스와 함께 주문할 수 있는데, 스파클링에서부터 레드, 칵테일까지 지루할 틈 없이 서빙되어 즐겁게 식사를 할 수 있다. 고대 수도원 안에 자리한 아기자기한 베니싸 와이너리. 포도나무들을 바라보며 테라스에서 즐기는 정성 가득 들어간 음식은 베네치아에서 지금 여기, 이 순간을 즐기기에 최고다. 베네치아의 특별한 와이너리에서 멋과 맛을 즐기고 싶은 여행자에게 추천.

④ Ai Mercanti
아이 메르깐띠

레스토랑의 완성은 맛뿐만은 아닐 터. 서비스와 분위기까지 오감이 만족되어야 "오늘 식사 좋았어!"라고 이야기 할 수 있을 것이다. 이런 점에서 아이 메르깐띠는 합격이다. 음악이 로맨틱한 공간을 가득 채우고, 주문한 음식은 서빙 시 웨이터가 재료와 요리법에 대해 상세히 설명해준다. 이 식당의 요리 콘셉트는 퓨전인데, 어줍잖은 퓨전 음식이 아닌 과거와 현대의 레시피가 조화를 이루어 전통과 싱그러움이 함께 살아있다. 기분 좋은 서비스와 분위기, 그리고 맛있는 음식을 기대하는 날이라면, 주저 말고 선택해도 좋겠다.

― INFO ―
Ⓐ Fondamenta S. Caterina, 3, 30142, Mazzorbo / 마쪼르보 역에서 도보 1분 Ⓗ 수~월 12:00~14:30/19:00~20:30, 화 휴무 Ⓟ 5가지 디쉬 코스 €110 Ⓜ Map → ⑦-마쪼르보

― INFO ―
Ⓐ Calle Fuseri, 4346/a, 30011 / 산 마르코 광장에서 도보 3분 Ⓗ 월~토 12:30~13:00/19:00~22:00, 일 휴무 Ⓟ 파스타 €15 Ⓜ Map → ⑥-E-3

> **Tip.**
> 레스토랑에서는 직원의 안내를 받아 착석하는 것이 매너다. 빈 좌석이 있더라도 예약되어 있는 테이블일 수 있으니, 먼저 웨이터에게 예약 여부, 인원 수를 이야기하고 친절한 안내를 받도록 하자.

Osteria AE Spezie
오스테리아 아에 스페찌에

약 8개의 테이블로 운영되는 작은 오스테리아. 산 마르코 광장 앞 관광지를 살짝 벗어났을 뿐인데 기분 좋은 서비스를 경험할 수 있는 곳. 만두를 좋아한다면 토마토를 넣고 뭉근하게 끓인 소스에 살짝 버무려진 로브스터 라비올리를 추천.

(INFO)
- Ⓐ Castello, 4089, 30100 / 산 마르코 광장에서 도보 10분
- Ⓗ 매일 12:00~14:00/19:00~24:00
- Ⓟ 로브스터 라비올리 €16.5　Ⓜ Map → ⑥-E-4

Plus. 베네치아의 나이트 라이프

관광지로 유명한 베네치아이지만 사실은 이탈리아 북부의 작은 섬으로 나이트 라이프를 즐길 수 있는 오락시설을 찾아보기 힘들다. 도시의 흔한 클럽조차 베네치아에는 존재하지 않고 대부분의 바도 12시 정도면 문을 닫는다. 베네치아의 저녁은 아름답고 고요하게 흘러간다.

Venice Jazz 베니스 재즈
베네치아의 운하와 채도가 낮은 낭만적인 불빛이 그림자 지듯 비추는 우아한 베네치아의 저녁. 여기에 재즈 연주가 더해져 마치 영화의 한 장면에 들어온 것 같은 착각을 불러일으키는 곳. 주인장은 베네치아가 고향인 재즈 피아니스트로 이탈리아의 유명 재즈 연주가를 불러모아 함께 연주를 한다. 칵테일 한 잔과 함께 뮤지션들의 호흡을 느끼며 감상할 수 있는 곳. 밤과 재즈의 낭만을 아는 자, 이곳으로 가자.

- Ⓐ Dorsoduro, 3102, 30123 / 카 레초니코 역에서 도보 5분
- Ⓗ 월·수·금·토 19:00~23:00, 공연시간 21:00~23:00, 목/일 휴일
- Ⓟ 입장료 €20 (음료 한 잔 포함)　Ⓜ Map → ⑤-D-2

Tip.
입장료 20유로로 칵테일, 와인 등 음료 한 잔이 포함되어 있다. 요일 별로 다른 프로그램은 시즌마다 변동되니 웹사이트(venicejazzclub.weebly.com)에서 체크하자. 예약하는 순서대로 좋은 좌석을 선점 할 수 있으니, 방문 예정이라면 이메일(booking@venicejazzclub.com)을 통해 예약하는 것이 좋다.

SPECIAL : 취향 저격! 우리 와인 한잔 할까요? 친친Chin Chin!

취향 저격! 우리 와인 한잔 할까요?
친친Chin Chin!

이탈리아에는 '와인 없이 식사를 하는 것은 해가 없는 하루와 같다'라는 속담이 있다. 식사 전 아페르티보로 한 잔, 식사하며 가볍게 한 잔, 디저트 와인 한 잔 등 이탈리아인들의 삶에서 와인은 떼어 생각할 수 없다. 베네치아가 위치한 베네토주는 이탈리아에서도 최고의 와인 생산량을 자랑하니 적당한 취기를 즐기는 여행자라면 와인은 놓치지 않아야 할 여행의 낭만이 아닐까. 361개의 이탈리아 품종 중 당신의 취향을 저격할 수 있는 베네치아 인근의 로컬 와인을 추천한다. 다 함께 친친(건배)!

취향에 따른 와인 추천

Vino Frizzante : Prosecco
● 스파클링 와인 : 프로세코

햇살이 비추는 따뜻한 날, 차갑게 칠링되어 쉼 없이 기포가 보글보글 올라오는 프로세코 한잔은 베네토 사람들의 일상을 '스파클링'하게 만들어준다. 세계적으로 샴페인의 인기를 바짝 추격하고 있는 이탈리아 최고의 스파클링 와인 프로세코. 베네치아에서 차로 한 시간 반 가량 떨어진 아름다운 이탈리아의 소도시 발도비아데네에 위치한 와이너리에서 생산되는 로컬 와인이다. 즐거운 청량감과 은은한 달콤함을 좋아하는 여행자에게 강력 추천.

추천 브랜드 :
비솔Bisol, 아다미Adami, 보르톨로미올Bortolomiol.

PLUS
프로세코는 달콤함에 따라 세 종류로 나뉜다. 여기서 단맛이란 사탕처럼 단 것이 아닌 피니쉬에 달콤함이 살짝 느껴지는 정도. 개인적으로는 Extra Dry가 어떤 음식에도 두루 잘 맞고 달콤한 끝맛이 좋아 선호한다.

[Dry] – [Extra Dry] – [Brut]
단 맛　　　　　　　　　　달지 않은 맛

Vino Rosso : Valpolicella
레드 와인 : 발폴리첼라

<로미오와 줄리엣>의 고장 베로나 근처 소도시인 발폴리첼라Valpolicella에서 만들어지는 레드 와인. 가성비가 좋고 편하게 마시기 좋은 발폴리첼라 클레시코부터 이탈리아 3대 명품 와인으로 뽑히는 아마로네까지 종류도 다양하다. 아마로네는 세계적으로 '비싼 와인 리스트'에 올라 있는데, 생산국인 이탈리아에서는 한국의 반 가격 정도에 즐겨볼 수 있으니 와인을 좋아하는 사람이라면 시도해 볼만 하다. 아마로Amaro는 '쓰다'라는 의미이고, 여기서 파생된 아마로네 Amarone는 '위대한 쓴 맛'이라는 의미로 매우 드라이하면서도 부드러움이 느껴지는 시크한 와인. 당분 함량이 높은 포도를 건조시켜 와인을 만들기 때문에 도수가 17도까지 올라가는 경우도 있다. 가볍게 식사와 한잔 할 때는 발폴리첼라 클레시코를, 기분 내고 싶은 날이라면 아마로네를 주문해보자.

추천 브랜드 :
마씨Masi, 토마씨Tomasi, 제나또Zenato, 달 포르노 로마노Dal Forno Romano

Vino Bianco : Soave
화이트 와인 : 소아베

해산물이 아주 맛있는 베네치아 요리와 잘 어울리는 화이트 와인 소아베. 상큼하고 풍부한 과일향이 먼저 기분을 좋게 해주고, 드라이한 피니쉬는 해산물을 더욱 맛있게 즐길 수 있도록 해준다. 소아베는 '부드러운'이라는 뜻인데, 필자에게는 부드러움과 상큼함이 합쳐져 통통 튀는 맛을 가진, 본래의 뜻보다 더욱 매력이 더해진 와인이다. 그래서인지 마치 봄날 대학생 시절의 풋풋함을 떠오르게 하는 싱그러운 소아베 와인을 칭송한 예술가들과 작가들도 많다.

추천 브랜드 :
안셀미Anselmi, 피에로판Pieropan, 지니Gini, 라 카푸치나La Cappuccina

TIP
와인 생산지인 베로나에 가면 아마로네를 잔으로 즐길 수 있는 바Bar들이 많으니 베로나를 여행하는 '와인 러버'라면 놓치지 말자.

> "소아베는 젊음과 사랑의 와인이다. 오랜 세월 동안 점차 신중해지고 사려 깊어진 나에게 더 이상 어울리는 와인은 아니다. 하지만 나는 내 화려한 과거에 대한 찬미로 이 와인을 마신다. 이 와인이 나에게 다시 젊음을 돌려주지는 못하지만, 그것을 다시 일깨워 주기 때문이다."
> 가브리엘레 단눈치오Gabrielle D'Annunzio

SPECIAL : 취향 저격! 우리 와인 한잔 할까요? 친친 Chin Chin!

PLUS

'아페르티보 APERTIVO' 어디서 왔나?

'열다'라는 뜻을 가진 라틴어 '아페리레 Aperire'에서 파생된 아페르티보. 이탈리아인들이 퇴근 후 저녁식사에 앞서 입맛을 돋우기 위해 식전 요리로 간단히 술과 음식을 즐기는 음식 문화에서 시작되었다. 1970년대에는 미국으로 건너가 '해피 아워' 문화로 자리 잡았다.

아페르티보 대표 음료, 프로세코 VS 아페롤 스프리츠

베네치아는 점심 혹은 저녁 식사 전에 간단하게 와인 한 잔과 핑거푸드인 치케티를 즐기는 아페르티보 문화가 발달되어 있다. 이 시간만 되면 어김없이 카페 테라스에는 삼삼오오 둘러앉아 와인 잔을 하나씩 붙잡고 신나게 이야기를 나누는 사람들로 가득 찬다. 가만 보고 있노라면 와인 잔은 대부분 두 가지 음료로 채워져 있다. 바로 '프로세코Prosecco' 혹은 '아페롤 스프리츠Aperol Spritz'.
프로세코는 베네치아 인근 소도시 발도비아데네에서 생산된 화이트 스파클링 와인, 아페롤 스프리츠는 프로세코에 달콤 쌉싸름한 오렌지 맛의 리퀘르를 섞어 만든 북부 이탈리아 전통 칵테일이다. 달콤하고 시원한 오렌지 맛의 스프리츠냐, 상쾌한 짜릿함을 가진 프로세코냐. 늘 어려운 선택이지만 언제나 선택에 후회는 없다. 둘 모두 달콤한 약간의 취기로 여행을 더 즐겁게 만들어 준다.

아페롤 스프리츠 제조법

프로세코와 아페롤을 50대 50으로 반반씩 섞는다. 여기에 소다 혹은 탄산수를 약 20% 정도 더한다. 잘 섞일 수 있도록 빨대로 두세 번 '쓱' 저어주고 오렌지 슬라이스를 띄우면 완성!

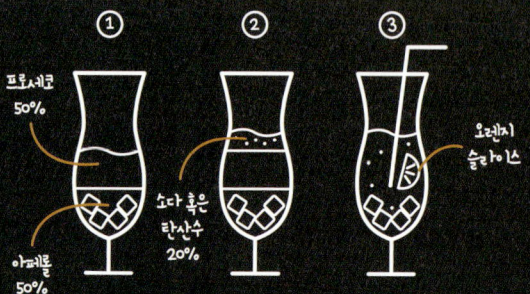

일상에 쉼표를 찍다, 식전주 아페르티보 즐기기

베네토 지방의 아페르티보 문화

필자는 이탈리아로 오기 전 한국에서 와인을 수입해 마케팅 하는 일을 했다. 종종 와이너리 관계자들이 우리나라를 찾아 와인이 나는 지역과 와인에 대해 설명해주는 시간을 갖는데, 프로세코의 한 와이너리에서 담당자가 방문해 프로세코를 이렇게 소개했다.

"우리는 점심, 저녁 식사 전에 '아페르티보-프로세코 타임'을 가져요. 주로 친구들과 잠깐 만나 프로세코 혹은 칵테일 스프리츠를 마십니다. 잠깐 쉬어가는 건데, 하루를 리프레시 하는 느낌이에요"

이탈리아 스파클링 와인 중 최고급에 속하는 프로세코를 식사 전에 동네 Bar에 들러 한잔씩 마신다니. '심지어 점심 전에도! 역시 이탈리아 사람의 허풍이란..' 이라고 생각하며 웃어 넘겼다.
하지만 이곳에서 직접 느끼고 경험한 아페르티보는 그의 말 그대로 일상이었다. 점심시간이 12시부터 약 3시 정도까지로 넉넉한 이곳에서는 햇살 좋은 날 친구들과 아페르티보를 즐기면서 하루의 순간들을 너무나 당연하게 즐기고 있었다. '아페르티보 타임'은 이곳에서는 우리의 '치맥'과 같은 편안한 만남을 연상케 하는 일상의 단어인 셈.
하루를 쉼 없이 달리는 것이 아닌, 잠시 쉬었다 또 걸으며 하루하루를 즐겁고 여유롭게 걸어가는 것. 이것이 이탈리아의 일상이 주는 매력이 아닐까. 모든 것이 느린, 모두가 느리게 살아도 괜찮은 이 곳.

TIP

스프리츠에 들어가는 리퀘르는 주로 아페롤Aperol과 캄파리Campari 두 종류로 나뉜다. 캄파리는 아페롤보다 허브 맛이 조금 더 강조된 쌉쌀한 맛이다. 약간 달콤한 맛이 좋다면 아페롤 스프리츠를, 진한 허브 맛을 선호한다면 캄파리 스프리츠를 선택하자. 대부분의 슈퍼마켓에서 이 두 종류의 리퀘르를 각각 15유로 정도로 구할 수 있으니, 스프리츠와 사랑에 빠졌다면 한 병씩 구입해 한국에서 아페르티보 파티를 즐겨도 좋겠다.

PLUS

정육점에서 막 썰어주는 프로슈토는 마트에서 박스에 담아 진열되어 있는 '제품' 프로슈토와는 확연한 맛의 차이가 있다. 정육점에서 용기를 내 주문해보자. 바로 이렇게.
"Per Piacere, Mi può Tagliare Cento Grammi di Prosciutto San Daniele fino fino? Grazie 페르 피아체레, 미 푸오 탈리아레 첸토 그라미 디 프로슈토 산 다니엘레 피노피노? 그라지에(산 다니엘레 프로슈토 100g 얇게 얇게 썰어 주세요)."

베네토 지방의 살라미!

아페리티보와 찰떡궁합! 이탈리아인의 베스트 아페리티보 안주 살라미. 짭조름하고 풍부한 맛에 자꾸만 손이 가는 살라미의 세계로 들어가 보자.

TIP

레스토랑에서 즐기고 싶다면 산 다니엘레 지방 출신의 오너가 경영하는 베네치아 로컬 식당 Pane Vino E San Daniele로 가 보자. 식당 이름부터 '빵과 와인 그리고 산 다니엘레'다. 이 고장 출신답게 언제나 가장 맛있는 산 다니엘레 프로슈토를 맛볼 수 있는 곳이다. 산 다니엘레는 프리울리 베네치아 지방에 속하는데, 이 지방의 와인도 아주 맛있으니 함께 즐겨보는 것도 좋겠다.
Ⓐ Calle dei Botteri, 1544, 30125
Ⓗ 월~토 10:00~16:00/18:00~01:00, 일 휴무

매운 살라미가 주 토핑인 디아볼라 피자. 악마 같이 매운 맛이 난다고 해서 '악마 피자'라고 부른다. 우리나라 입맛에는 약간 매운 기운이 감도는 정도. 매콤함과 모짜렐라 치즈가 섞여 풍미가 좋다. 디아볼라 피자에 더욱 꽉 찬 맛을 원한다면 브리 치즈와 감자튀김을 추가 토핑으로 주문해 보자.

Prosciutto
프로슈토

돼지 뒷다리를 소금물에 담가 염장한 뒤 훈연하게 건조한 음식. 시장이나 정육점에서 볼 수 있는, 천장 위에 대롱대롱 걸어둔 돼지 다리가 바로 이것. 스페인의 하몽과 비슷한데, 하몽에 비해 얇게 슬라이스해 버터처럼 샤르르 녹는 식감이다. 바게트에 얹어 와인과 함께 즐기면 이보다 더 심플하고 완벽한 안주가 없다. 이탈리아 사람들에게 프로슈토는 고슬고슬하게 지은 쌀밥에 김치를 올려 먹는 것과 같은 감흥이라고 할까? 프로슈토 디 산 다니엘레 Prosciutto di San Daniele 혹은 파르마 프로슈토 Prosciutto di Parma를 추천한다.

Sopressa
소프레싸

이코노미스트에 흥미로운 기사가 실려 화제가 되었다. 미국 사회에서 소프레싸를 아는 것과 모르는 것 차이로 사회 문화적 계급이 결정된다는 것. 아직까지도 이 조사와 관련해 논쟁이 있지만, 덕분에 소프레싸는 더 유명해졌다. 소프레싸가 그만큼 이탈리아인의 식문화 깊숙히 자리잡고 있다는 증거일 것이다. 소프레싸는 돼지 머리 부위를 마늘, 후추 등 향신료와 함께 케이싱에 넣어 10일 이상 바람이 잘 통하는 곳에서 건조시킨다. 남부 지방으로 내려갈수록 더 매콤한 살라미를 만든다. 레드 와인과 잘 어울리고, 얇게 썰어 빵과 함께 전채 요리로 혹은 샌드위치로 먹는다.

Porchetta
포르케타

새끼 돼지의 속을 후추 등의 향신료로 풍부하게 채워 장작불이나 오븐에 아주 서서히 굽는 슬로푸드이다. 우리나라의 편육과 비슷한 맛이 난다. 따뜻한 빵에 포르게타를 얹고 소금과 후추를 살짝 뿌려 샌드위치처럼 먹으면 맛있다. 피크닉에도 아주 잘 어울리는 음식. 다른 살라미들과 달리 와인보다는 시원한 맥주가 더 잘 어울린다.

083

APERTIVO TIME : 일상을 행복하게 만드는 순간, 아페르티보 타임

Apertivo Time :
일상을 행복하게 만드는 순간, 아페르티보 타임

Cantina da Mori 칸티나 다 모리

베네치아 '먹방 여행'의 보석, 아페리티보 타임! 숨겨진 로컬들의 아지트를 공개한다.
이곳에서 베네치아 도시와, 사람들과 어울려 즐기다 보면
아페리티보 타임을 사랑하게 될 수 밖에 없을 것.

 Adriatico Mar
아드리아티코 마르

반짝반짝 빛나는 베네치아 소운하 옆 난간에 걸터앉아 아페르티보를 즐길 수 있는 바. 관광지와 조금 떨어져 있을 뿐인데 따듯한 로컬 냄새가 스멀 스멀 난다. 로컬들의 '라이프스타일'을 살펴보는 여행을 하는 트립풀러들을 위한 저자의 강력 추천 아페리티보 바. 100% 유기농 재료만을 사용해 만든 건강한 치케티를 판매한다. 오픈 시간인 오전 10시부터 치케티를 준비하기 시작하니 다양한 음식을 맛보고 싶다면 오전 11시 이후 방문할 것을 추천.

INFO
 Calle Crosera, 3771, 30125 / 산 토마 역에서 도보 5분
화~일 10:00~22:00, 월 17:00~22:00 치케티 €2.5
Map → ⑤-D-1

2 El Refolo
엘 레폴로

유쾌한 DNA를 가진 가족들이 운영하는 아담한 로컬 치케테리아. 아버지에게 비밀 레시피를 물려받아 다양한 종류의 치케티와 살라미를 만날 수 있다. 참치 등 속 재료에 따라 빵 종류를 달리하는 세심함과 맛은 타 치케테리아와의 비교를 거부한다. 스프리츠 또한 칵테일이라 비율이 좋지 못하면 맛이 없는데, 엘 레폴로의 스프리츠를 한 모금 마시면 눈이 동그랗게 떠지고 고개를 연신 끄덕이게 된다. 그래 이거지! 5.5유로 정도면 스프리츠와 맛있는 치케티 하나를 곁들일 수 있다. 가격도 착한 편. 산 마르코 광장에서 멀지 않아 여행에 지친 몸과 마음을 쉬어가기 좋은 곳.

INFO

Ⓐ Calle Giazzo, 1580, 30122 / 아르세날레 역에서 도보 5분, 산 마르코 광장에서 도보 15분 Ⓗ 화~일 12:00~24:30, 일 휴무 Ⓟ 시케티 €2.3 Ⓜ Map → ⑥-F-4

3 Ai Divini
아이 디비니

카페 안에 조그마한 비밀 정원이 있는 바. 운하를 바라보며 곤돌라가 지나다니는 아름다운 모습을 볼 수 있다. 그 모습이 아름다워 몇 시간이고 가만히 지켜볼 수 있을 것만 같은 곳이다. 이곳에 앉아 곤돌라를 타고 지나가는 사람에게 찡긋 웃어 보이는 것도 재미. 여유로움을 즐기고 싶다면 오전에, 시끌벅적한 파티 분위기를 원한다면 스프리츠 타임에 방문하는 것을 추천한다.

INFO

Ⓐ Salizada San Canzian, 5905, 30121 / 리알토 다리에서 도보 3분 Ⓗ 월~토 07:00~24:00, 일 12:00~21:00 Ⓟ 스프리츠 €2.5 Ⓜ Map → ④-B-3

APERTIVO TIME : 일상을 행복하게 만드는 순간, 아페르티보 타임

All'Arco
알 라르코

'여기 무슨 일이 있는 거지?' 싶을 정도로 알 라르코 주변에는 언제나 와인 잔과 치케티를 들고 있는 사람들로 가득하다. 테이블이나 의자 없이 모두 서서 액티브하게 즐기는 분위기. '점심 먹기 전에 스프리츠 한 잔 할까?' 하고 들어갔다가 다양한 치케티에 현혹되어 접시를 쌓고 있는 나를 발견하게 된다. 한두 개씩 먹다 보면 어느새 배가 불러 식사와 안녕하게 되는, 치케티가 참 맛있는 곳. 바칼라Baccalà(말린 대구) 치케티를 추천하는데, 말린 대구를 흐르는 물에 다시 불려 우유나 생크림을 섞어 만드는 베네치아의 대표적인 치케티이다. 부드러운 맛을 좋아한다면 참치 마요네즈 같은 식감의 바칼라 만테카토Baccalà Mantecato를, 마늘이 살짝 들어간 바칼라 만테카토 콘 알리오Baccalà Mantecato con Aglio도 우리 입맛에 잘 맞다. 와인을 마시는 곳이지만 아침부터 점심시간까지만 오픈하니 참고하자.

INFO
- ⓐ San Polo 436, 30125 / 리알토 다리에서 도보 2분
- ⓗ 월~토 08:00~15:30, 일 휴무
- ⓟ 치케티 €2   ⓜ Map → ④-A-3

Cantina da Mori
칸티나 다 모리

무려 1462년에 문을 연 베네치아의 가장 오래된 와인 바이다. 카사노바의 단골 바로도 유명하다. 안으로 들어가면 마치 타임머신을 타고 그 때 그 시절로 돌아간듯한 느낌에 사로잡힌다. 아침인지 저녁인지 구분할 수 없는 아늑함 때문인지, 아침 8시부터 곤돌리에와 현지인들, 관광객들이 뒤섞여 한 잔씩 기울이고 있는 매력적인 바. 테이블 위에 놓여진 베네치아의 전통 치케티들도 놓치지 말자.

INFO
- ⓐ San Polo, 429, 30125 / 리알토 다리에서 도보 2분
- ⓗ 월~금 08:00~19:30, 토 08:00~17:00 / 일 휴무
- ⓟ 치케티 €1.5   ⓜ Map → ④-A-3

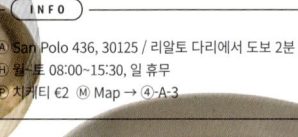

Must Try. Baccalà Mantecato 바칼라 만테카토

바다 향기를 가득 품고 있는 바칼라 만테카토. 염장해 말린 대구를 흐르는 물에 약 이틀 간 불려 소금기를 빼내고 여기에 우유, 올리브 오일 등을 섞어 머랭을 만들듯 휘휘 저어 크림처럼 만든다. 바삭한 바게트 위에 얹어 화이트 와인과 먹으면 최고! 베네치아의 대표적인 안티파스토인 만큼 치케티 바, 혹은 레스토랑 메뉴에 빠지지 않고 등장한다.

Al Merca
알 메르카

여유롭게 리알토 마켓을 둘러본 후 간단하게 샌드위치와 스프리츠를 맛보기 좋은 알 메르카. 테이크아웃 형태인 이 가게 앞에는 와인과 치케티를 들고 삼삼오오 모여 이야기 하고 있는 사람들이 언제나 포진해 있다. 그 틈으로 들어가 우리도 순간을 즐겨보자.

INFO
Ⓐ Campo Bella Vienna, 213, 30125 / 리알토 다리에서 도보 2분 Ⓗ 월~목 10:00~14:30/18:00~20:00(금/토 ~21:30), 일 휴무 Ⓟ 치케티 €1.5 Ⓜ Map → ④-A-3

Il Santo Bevitore
일 산토 베비토레

맥주 마니아라면 베네치아 먹방 여행의 첫 번째 방문 장소로 찜 해두면 좋은 곳. 펍에 들어서면 무려 20개가 넘는 생맥주 탭이 시선을 잡아 끄는데, 모두 이탈리아를 비롯한 유럽의 크래프트 비어다. 모두 크래프트 맥주 마니아인 주인장이 직접 테이스팅하고 뱃플힌 맥주. 매달 송뉴노 업데이트 된다. 아름다운 소운하 앞 테이블에 앉아 라거와 에일, 화이트 등 다양한 종류의 맥주와 1유로 치케티를 먹고 있노라면 하루에 피로가 싹 가신다. 베네치아 여행의 하루를 마무리 하기에 제격인 곳.

INFO
Ⓐ Cannaregio, 2393/a, 30121 / 산 마르쿠올라 역에서 도보 5분 Ⓗ 월~금 08:00~19:30, 토 08:00~17:00, 일 휴무 Ⓟ 맥주 €4 Ⓜ Map → ③-B-1

Bacaro Road Tour :
바카로 로드 투어,
골목골목 숨겨진 치케티 바

베네치아 골목길 깊숙이 숨겨진 수많은 치케티 바를 친구들과 저녁 늦게까지 옮겨 다니며 즐기는 것을 '바카로 투어'라고 한다.

수많은 치케티 중 하나를 고른 후, 운하 옆에 '털썩' 앉아 즐기는 노상 와인이야 말로 진정한 베네치아의 멋과 맛을 느끼게 한다. 저녁이 되면 거리는 전 세계에서 와인과 치케티를 즐기러 온 이들과 현지인이 뒤섞여 파티를 이룬다. 아래 스폿을 참고하되, 거리를 걷다 끌리는 곳에 들어가 우연을 즐겨보는 것도 좋다. 치케티, 그리고 와인과 함께 살아있는 도시 베네치아의 새로운 매력에 빠져 보자.

Al Timon 알 티몬

Plus. 바카로 Bacaro와 치케티Cicchetti?

베네치아에서는 치케티와 함께 간단하게 한잔 할 수 있는 바Bar를 바카로라고 한다. 치케티는 스페인의 타파스처럼 바게트 위에 고명을 얹어 간단히 먹을 수 있는 핑거푸드. 바카로와 치케티 어원에 대해서는 전해지는 말이 많다. 그 중 가장 널리 알려진 이야기.
옛날 옛적, 산 마르코 광장의 종탑 아래서는 오크통으로 좌판을 놓고, 마치 길거리 음식처럼 와인을 한 잔씩 팔았다. 와인 파는 사람을 바카리Bacari라고 불렀고, 이렇게 간단하게 와인을 한잔 할 수 있는 곳을 바카로Bacaro라고 부르기 시작했다고 한다. 우리로 따지면 대포집과 선술집 그 즈음이겠다. 여기에 더해 와인의 신 바코Bacco에서 유래되었다는 설도 있다. 와인에 안주가 빠지면 섭섭할 터. 바카리가 기본 안주로 조그마한 빵에 먹을 것을 얹어주었는데, 이것을 치케티라 불렀다. 치케티는 라틴어 치코스Ciccos에서 파생되었는데, '작은, 적은 양'이라는 뜻이다. 바카로에서 치케티를 주문할 때 "타파스"라고 외치는 것은 금물! 음식에 대한 자부심이 넘치는 이탈리아인들의 심기를 건드리는 말이다.

Tip. 주문하는 법
"Vorrei dei Cicchetti per Piacere.
보레이 데이 치케띠. 페르 피아체레
(이 치케티들 주세요)."

Al Timon
알 티몬

저녁 8시만 되어도 식당 안은 물론 식당 밖 운하 주변까지 알 티몬의 치케티와 와인을 들고 즐기는 사람으로 발 디딜 틈이 없다. 바카로 바로 앞 운하에 식당의 배가 정박되어 있는데, 누구나 자유롭게 올라가 노상 와인을 즐길 수 있다. 베네치아서만 해볼 수 있는 특별한 경험인 '선상 노상 와인'을 즐기고 싶다면 자리 쟁탈전이 치열하니 조금 일찍 가서 자리를 잡는 것도 좋겠다. 카운터 앞에는 주문을 기다리는 사람이 뭉게구름처럼 모여 있는데, 질서정연하게 주문하지 않는 분위기다. 적당히 자신의 순서를 눈치로 파악하고 때에 맞추어 재빠르고 큰소리로 주문해야 한다. 타이밍이 생명. 가격도 치케티 한 개에 1유로로 저렴하다. 크기는 작은 편이지만 다양한 치케티를 두루두루 맛볼 수 있는 곳. 단 1인당 최대 10개까지 주문 할 수 있다.

INFO
Ⓐ Fondamenta dei Ormesini, 2754, 30121 / 산 마르쿠올라 역에서 도보 5분 Ⓗ 매일 17:00~01:00 Ⓟ 치케티 €1 Ⓜ Map → ③-B-1

Tip.
해산물 요리가 풍부한 베네치아에서 찾아보기 힘든, 맛있는 티본 스테이크도 일품이다. 고기를 좋아하는 사람이라면 이곳에서 저녁 식사를 해도 좋겠다. 사람이 많은 만큼 조금 소란스러울 수 있다는 점은 감안해야 한다.

Paradiso Perduto 파라디소 페르두토

EAT UP

Ae Bricoe 아에 브리코에

Vino Vero 비노 베로

2 Paradiso Perduto
파라디소 페르두토

베네치아의 수많은 바 중 필자가 가장 애정하는 곳으로, 이곳의 치케티는 바게트 핑거푸드가 아닌 접시에 담아 빵과 함께 먹는 스타일. 특히 신선한 문어를 오래 삶아 부드럽게 만든 뒤 올리브유와 샐러리를 넣어 맛을 낸 문어 샐러드는 최고! 맛있는 음식과 착한 가격, 히피 스타일의 자유로운 분위기가 장점이다. 해산물을 좋아한다면 반드시 들러야 할 곳. 통통한 고양이는 이 가게의 터줏대감이다. 다가와도 놀라지 말고 함께 아페르티보를 즐기자.

3 Ae Bricoe
아에 브리코에

바카로 거리에서 최근 오픈해 로컬들에게도 핫한 곳. 심플하고 맛있는 치케티와 친절한 주인장 덕분이 아닐까? '저는 Gino에요. 맛있게 먹어주세요'라는 귀여운 푯말을 달고 있는 포르케타가 맛있다. 테이블이 4개 밖에 없는 아담한 사이즈의 바카레토로 옆 테이블 사람과 이런 저런 이야기를 나눌 수 있는 재미가 있는 곳.

4 Vino Vero
비노 베로

다양한 와인 리스트를 보유하고 있어 와인 러버들에게 추천하는 곳. 종종 주제를 정해 다양한 와인을 테스팅 할 수 있는 이벤트를 열기도 하니 관심 있는 여행자라면 비노 베로의 웹사이트를 참고하자. 와인을 사랑하는 주인장은 가게 이름처럼 비노 베로Vino Vero(진짜 와인)만 판매하고, 스프리츠를 비롯한 다른 음료는 판매하지 않는다. 신나는 금요일을 생각나게 하는 즐겁고 흥겨운 가게 분위기에 절로 흥이 나는 곳.

INFO
Ⓐ Cannaregio, 2540, 30121 / 산 마르쿠올라 역에서 도보 6분 Ⓗ 목~월 11:00~01:00, 화/수 휴무 Ⓟ 문어 샐러드 €15 Ⓜ Map → ③-B-1

INFO
Ⓐ Fondamenta dei Ormesini, 2684, 30121 / 산 마르쿠올라 역에서 도보 5분 Ⓗ 목~목 07:00~01:00, 수 휴무 Ⓟ 치케티 €1.5 Ⓜ Map → ③-B-1

INFO
Ⓐ Fondamenta Misericordia, 2497, 30100 / 산 마르쿠올라 역에서 도보 6분 Ⓗ 화~목/일 12:00~24:00(금/토~01:00) Ⓟ 치케티 €2.5 Ⓜ Map → ③-B-1

01

Living in Italy :
이탈리아인들의 취향을 담은, 라이프스타일 숍

02

Made in Venezia I :
베네치아 디자이너 숍

03

Made in Venezia II :
오직 베네치아에서만 만날 수 있는 기념품

04

Must Buy Item I :
현지인이 강력 추천하는, 마트 쇼핑

05

Must Buy Item II :
이탈리아 여행의 필수 코스, 약국 쇼핑

06

Outlet Shopping :
아웃렛에서 즐기는 이탈리아 브랜드 쇼핑

LIFE STYLE & SHOPPING

개인의 취향을 존중하는 이탈리아인들, 다양한 개성만큼 다양한 물건들을 두루 쇼핑 하는 재미가 쏠쏠하다.
특히 베네토 지방은 집안 대대로 이어져 오는 마이크로 아티잔이 많은 곳으로 유명하다.
한 길만 고집해온 예술가가 만드는 물건은 작품에 가깝다.
천천히 둘러보며 평생 곁에 두고 싶은 나만의 보물을 찾아보자.

a.

Libreria Acqua Alta
리베리아 아쿠아 알타

오래된 곤돌라에 삐뚤게 또 바르게 쌓인 책들에서 풍기는 책 내음, 그리고 운하 앞에 놓인 의자에서 책을 볼 수 있는 너무나 베네치아스러운 서점이다. 새 책부터 헌책, 엽서까지 구석구석 돌아보며 나만의 보물을 찾아보자. 코너 코너마다 발견되는 인생샷 포인트는 덤.

Ⓐ Calle Longa S. Maria Formosa, 5176/b, 30122 / 리알토 다리에서 도보 7분 Ⓗ 매일 09:00~20:00
Ⓟ 엽서 €0.5 Ⓜ Map → ④-C-4

Il Prato
일 프라토

리빙, 오피스 등 이탈리아 라이프스타일에 관한 제품을 컬렉팅한 편집숍. 1984년 고급 아젠더를 만드는 목판 인쇄 공방으로 시작해 지금은 이탈리아의 명품 가죽 리빙 용품 회사인 지오바냐라Giobagnara가 인수해 운영하고 있다. 그래서인지 노트, 아젠더 등 탁상용품과 가죽으로 만든 제품의 컬렉션이 좋다. 가격은 조금 비싼 편이지만 두고두고 쓰기에 좋은 하이 퀄리티의 Made in Italy 제품으로만 구성되어 있는 곳.

b.

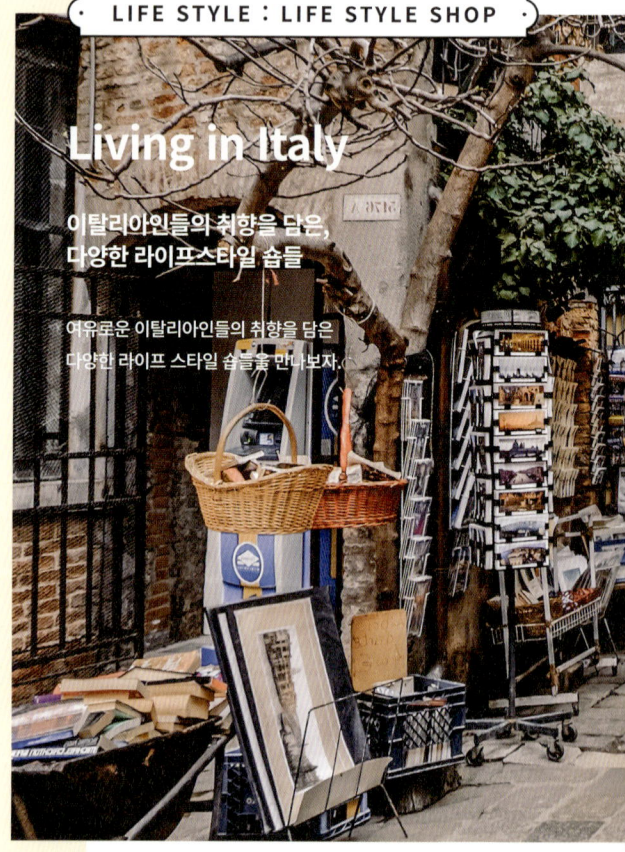

LIFE STYLE : LIFE STYLE SHOP

Living in Italy

이탈리아인들의 취향을 담은, 다양한 라이프스타일 숍들

여유로운 이탈리아인들의 취향을 담은 다양한 라이프 스타일 숍들을 만나보자.

Libreria Acqua Alta 리베리아 아쿠아 알타

Ⓐ Calle delle Ostreghe 2456/8, VE / 산타 마리아 델 질리오 역에서 도보 2분 Ⓗ 월~토 10:00~19:30, 일11:00~19:00
Ⓟ 수제 노트 €25 Ⓜ Map → ⑥-D-4

c.

La Gabbianella
라 가비아넬라

따듯한 느낌의 컬러풀한 식기들이 먼저 마음을 사로잡는 곳. 수제작 세라믹 그릇에 직접 그림을 그린 키친 & 다이닝 제품을 판매하는 곳으로, 특히 봄이나 여름에 햇빛을 받으면 더 빛나 보일 듯한 다양한 색상의 제품이 많다. 저자도 테이블보를 하나 구매했는데, 음식에 생기를 주는 역할을 톡톡히 해주고 있다. 이탈리아의 햇살을 집으로 데려간 기분이라고 할까. 이탈리아 중부 도시 레체Lecce에서 만들어져 이탈리아 주요 도시와 해외에도 매장이 있다. 베네치아에서만 구할 수 있는 베네치아 한정판 식기들도 찾아볼 수 있다.

Ⓐ Calle Cappeller, 1592, 30125 / 리알토 다리에서 도보 4분
Ⓗ 매일 10:30~13:00/15:30~19:00
Ⓟ 컵 €12　Ⓜ Map → ④-A-3

d.

Bialettii
비알레티

이탈리아 사람들의 일상 필수품 중 하나인 모카포트. 모카포트로 만든 커피는 에스프레소보다 약간 옅은 맛이 나 부드럽다. 모카포트의 대명사 비알레티 상점에서는 모카포트와 더불어, 카푸치노를 좋아한다면 우유 거품기까지 추천한다. 비알레티의 수동 우유 거품기는 뚜껑에 달린 손잡이를 펌핑해주면 되는데, 신기하게도 카페에서 마시는 카푸치노 만큼의 쫀득쫀득한 폼이 만들어진다. 홈카페를 멋지게 완성해 줄 두 요물.

Ⓐ Sestiere di S. Marco, 729-731, 30124 / 산 마르코 광장에서 도보 2분
Ⓗ 매일 09:30~19:30　Ⓟ 모카포트 €21.90　Ⓜ Map → ⑥-E-3

TIP

이탈리아 사람들의 달콤한 아침 사랑

많은 이탈리아 사람들이 아침에 일어나자마자 가장 먼저 하는 일은 모카포트에 커피를 올리는 일일 것이다. 커피 향이 올라올 때까지 잠시 소파에서 수면 모드를 취하다 커피가 완성되어 향기를 풍기면 눈을 반쯤 뜨며 커피를 홀짝인다. 이때가 되어서야 비로소 '본조르노Buongiorno(좋은 아침)'라고 할 수 있는 아침이 시작된다.

심지어 필자 부부는 휴가를 갈 때도 집에서 사용하는 모카포트와 우유 거품기, 커피를 바리바리 챙긴다. 낯선 공간을 가득 메우는 익숙한 커피향. 아늑한 집을 느끼게 하는 향기가 여행을 더욱 편안하게 한다.

a.
Declare
데크라레

Ⓐ Calle Seconda dei Saoneri, 2671, 30125 / 산 토마 역에서 도보 4분
Ⓗ 월~토 10:30~19:30, 일 11:00~18:30
Ⓟ 메신저백 €390   Ⓜ Map → ⑤-E-1

b.
Materialmente
마테리알멘테

Ⓐ Merceria San Salvador, 30124 / 리알토 다리에서 도보 2분   Ⓗ 월~토 10:30~19:00, 일 11:00~18:00
Ⓟ 액세서리 €30   Ⓜ Map → ④-B-4

c.
Massimiliano Caldarone
막시밀리아노 칼다로네

Ⓐ Campiello Widmann già Biri, 5419B, 30121 / 리알토 다리에서 도보 7분   Ⓗ 월~토 10:00~12:30/16:00~19:00, 일 휴무
Ⓟ 나만의 팔찌 제작 €20
Ⓜ Map → ③-C-2

Writer's Story

막시밀리아노의 시선에 빼앗긴 마음
유리로 세상을 표현하는 막시밀리아노. 그의 성격을 닮은 듯 통쾌함과 유머러스하면서도 섬세하게 표현된 그의 작품을 좋아한다. 이런 작가가 나만을 위해 만들어주는 유리 팔찌라니. 그냥 넘어갈 수 없어 필자도 동참해 보았다. 한 여름에 에어컨도 없는 조그마한 공방에 앉아 그가 만든 나만의 팔찌는 어느새 베네치아를 추억하는 소중한 보물이 되었다. 기억에 남는 '나만을 위한' 기념품을 찾는다면 추천!

나만을 위한 팔찌 제작기
1) 먼저 막시밀리아노가 필자를 바라본다. 2) 해가 떠오를 때 반짝반짝 빛나는 베네치아의 운하가 떠오른단다. "베네치아 운하를 닮은 바다와 하늘색이 섞인 그 같은 반짝반짝한 소라색으로 자현 씨를 표현하는 색을 정했어요." 3) 단단한 소라색 유리 스틱이 꿀처럼 흘러 내릴 때까지 900도 이상으로 녹인다. 4) 이리 저리 굴리면 순식간에 세상에 단 하나뿐인 나만의 팔찌가 완성.

LIFE STYLE : DESIGNER SHOP

Made in Venezia I
베네치아 디자이너 숍

요즘은 한국에 모든 수입 제품이 있어 여행 중에는 쇼핑할 것이 없다고들 한다. 하지만 이곳에서는 통하지 않는다. 베네치아는 아직도 자신만의 공방에서 최고 품질의 제품을 만들어내고자 평생 그 길을 걷고 있는 장인들이 많기 때문. 자신이 만들고 자신의 손으로 직접 판매하는 작품 같은 귀한 물건들. 이탈리아 장인정신으로 무장한 예술가들이 한 땀 한 땀 만들어낸 디자이너 숍들을 소개한다. Made in Italy, 아니 Made in Venezia 제품.

Fallani Venezia 팔라니 베네치아

ⓐ 디자인의 기본은 '재료'라고 생각하는 베네치아 출신 디자이너 오마르Omar에 의해 만들어진 하이엔드 가죽 가방 브랜드. 투스카나에서 생산된 최고급 가죽 만을 사용해 베네치아에서 만든다. 숍에서 만난 한 손님은 "3년째 데크라레의 메신저백을 사용하고 있는데 쓰면 쓸수록 색과 감촉이 좋아지는 가죽의 매력을 한껏 뽑아낸 브랜드"라고 엄지를 치켜세웠다. 세월이 흘러도 지루하지 않을 심플하면서도 담대한 디자인의 가방이 많다. 베스트셀러는 다양한 컬러의 메신저백과 신상품인 노트북 백팩.

ⓑ 베네치아 주테카섬에서 은과 동, 구리 등 금속을 사용해 작품을 만드는 베네치아 출신 작가 막달레나Maddalena와 알렉산드로Alessandro의 갤러리 겸 숍. 고래가 달나라에서 수영을 하고, 해와 달이 동시에 뜨는 환상적인 주제로 작업한 액세서리와 인테리어 용품이 주를 이룬다. 작은 공간을 천천히 살펴보면 동화 속 꿈나라를 여행하는 듯한 느낌에 저절로 미소를 짓게 되는 곳. 베네치아 작가답게 심플한 목걸이 하나에도 무라노에서 만들어진 유리를 더해 디자인은 물론 베네치아 기념품 역할까지 대신한다. 단단한 금속성의 재료를 사용하고 수제작 하는 점을 생각하면 가격도 착하다.

ⓒ 최고 레벨의 램프 워킹 기법을 자랑하는 막시밀리아노의 작업 공간이자 숍. 한국에서도 전시회를 연 이력이 있는 명성 있는 작가다. 사랑, 음과 양 등 여러 주제를 자신만의 방식으로 표현한 작품을 보고 있으면 이 예술가가 세상을 대하는 다양한 시선을 느낄 수 있다. 유리 막대를 토치로 녹여 세심하게 만드는 만큼 한 작품을 완성하기 위해 짧게는 1개월에서부터 약 10개월까지 걸린다고. 깨지기 쉬운 유리 작품은 보험 포함 한국까지 배송도 가능하다. 여행자들에게는 작가가 직접 나만의 유리 팔찌를 만들어 주는 프로그램도 운영하고 있다.

ⓓ 세계에서 가장 유명한 실크 스크린 아틀리에 중 하나. 팝아트로 유명한 앤디 워홀, 키스 해링의 작업 방식으로 우리에

TIP

베네치아의 시에스타

저자의 이탈리아인 남편이 외국에서 일하면서 가장 힘들었던 것이 낮잠을 자지 못한 것이라고 한다. 이쯤 되면 베네치아인들에게 시에스타는 '즐긴다'는 표현보다는 당연한 일상의 한 부분인 것 같다. 관광객이 많이 오는 이 도시에서도 점심과 휴식 시간은 지켜지는데, 대부분의 상점들이 12시부터 오후 3시까지, 길게는 4시까지도 여유 시간을 갖는다. 상점이나 약국에 방문할 일이 있다면 12시에서 오후 4시 사이는 피해 오전이나 넉넉하게 4시 이후로 방문 계획을 세우는 것이 좋겠다.

d.

Fallani Venezia
팔라니 베네치아

Ⓐ Cannaregio, 5001/A, 30121 / 폰다멘타 노베 역에서 도보 5분 Ⓗ 월~토 09:00~12:30/15:00~18:30, 일 휴무(성수기 기준) Ⓟ 실크 프린팅 작품 €30 Ⓜ Map → ③-C-1

게도 제법 익숙하다. 약 30유로 정도면 벽에 걸 수 있는, 베네치아 풍경이 담긴 작은 작품을 구매할 수 있다. 1968년 베네치아에 문을 열었고, 지금까지 전 세계 예술가들을 상대로 다양한 워크숍과 문화 행사를 개최하고 있다. 갤러리 안에는 작업 공간도 있어 작업하는 모습을 살짝 지켜볼 수도 있다.

Tip.
실크 스크린 기법에 관심이 있다면 팔라니에서 진행하는 워크숍에 참여할 수 있다. 자세한 프로그램은 웹사이트(www.fallanivenezia.com) 참조. (베이직 워크숍: 100유로부터)

ⓔ 안경을 좋아하는 여행자라면 반드시 들러야 하는 곳. '볼트 없이 티타늄으로 만드는 세상에서 가장 가벼운 안경'이라는 콘셉트로 18년 동안 아버지와 두 형제가 만들어 오고 있는 진정한 아티잔 안경점. 재단사가 맞춤인 듯 나에게 꼭 맞는 안경을 커스터마이징해 만드는 만큼 디자인이 마음에 들지 않는다면 얼마든지 바꿀 수 있다. 무게는? 안경테가 0.7g! 무게가 거의 느껴지지 않을 정도다. 일반 안경을 만드는 데는 하루 이틀 정도, 다초점 렌즈의 경우는 약 일주일 정도가 소요된다. 한국까지 배송도 OK. 베스트셀러는 독특한 해와 달 선글라스.

Tip. 베네치아에에서 처음 만들어진 선글라스

베네치아는 운하에 반사되는 빛이 강한 곳이다. 그래서 베네치아인들은 17세기에 선글라스를 발명했다. 세계 최고의 유리 제작 기술을 보유하고 있었던 무라노에서 렌즈를 만들 수 있었기에 가능했다. 지금도 베네치아와 인근 도시에서는 특별하고 품격 있는 안경, 선글라스를 만드는 장인들이 전통을 이어가고 있다.

ⓕ 북유럽 스타일의 모던한 접시들과 컬러풀한 물고기가 대담하게 그려진 화려한 접시들이 눈길을 사로잡는 곳. 주인장인 알렉산드로가 세라믹 제작부터 페인팅까지 100% 핸드메이드로 만들어낸다. 한 디자인 당 한 개씩만 제작해 모두 세상에 하나뿐인 리미티드 에디션 제품들. 그래서인지 세계 예술 컬렉터들이 사랑하는 접시라고. 에로틱한 페인팅의 식기도 많이 구경하는 재미도 쏠쏠하다.

e.

Micromega Ottica
미크로메가 옵티카

Ⓐ Calle delle Ostreghe, 2436, 30124 / 산타 마리아 델 질리오 역에서 도보 2분 Ⓗ 월~토 10:00~19:30, 일 11:00~18:00 Ⓟ 선글라스 €280 Ⓜ Map → ⑥-D-4

f.

Alessandro Merlin
알레산드로 메를린

Ⓐ Calle del Pestrin, 3876, 30122 / 아르세날레 역에서 도보 3분 Ⓗ 월/화/토 10:00~12:00/15:00~19:00, 금/일 15:00~19:00, 수/목 휴무 Ⓟ 머그컵 €25 Ⓜ Map → ⑥-F-4

Zacaria's
자카리아스

Ⓐ Calle Fenice, 30124 / 산 마르코 광장에서 도보 5분
Ⓗ 매일 09:30~12:00/12:30~18:30(영업 시간 유동적)
Ⓟ 수제 마그넷 €3 Ⓜ Map → ⑥-D-4

SHOPPING : SOUVENIR

Made in Venezia II
오직 베네치아에서만 만날 수 있는, 기념품

냉장고 앞에 붙은 마그넷 하나, 도시 이름이 적힌 책상 위 노트 하나가 그 여행지를 추억하게 하곤 한다. 일상에서 베네치아를 기억하게 만들 특별한 기념품 숍들.

핸드메이드 베네치아 마그넷, 엽서 등을 파는 곳. 이 숍에서 판매되는 물건은 모두 주인장의 솜씨다. 사용하는 재료도 무라노의 비즈 '무리나' 등 모두 Made in Venezia! 사실 베네치아에서 판매되는 대부분의 기념품은 다른 나라에서 싼값에 만들어져 수입되는 것이 많다. 그런 점에서 기념품계의 오아시스 같은 자카리아. 공산품 기념품과 비교해 가격도 크게 차이 나지 않으니 멋진 기념품을 원한다면 이곳까지 발품을 팔아도 좋을 매력적인 숍.

'자카리아스' 숍 이름의 의미
"40년 전 신혼이었을 때, 나중에 아이가 생기면 '자카리아'라고 이름 붙여줘야겠다 생각했어요. 이후 가게 오픈을 준비하며 이곳이 내 자식이나 다름 없다고 생각되는 거예요. 하나하나 정성껏 보살피고 가꾸었으니까요. 그래서 이름도 이렇게 짓게 되었어요." - Elena 엘레나 (창업자)

Casanova Mask
카사노바 마스크

Ⓐ Calle Seconda del Cristo, 2210, 30125 / 리알토 다리에서 도보 9분 Ⓗ 월~토 09:30~12:00/15:30~18:30, 일 휴무 Ⓟ 베네치아 전통 가면 €35 Ⓜ Map → ⑤-E-1

베네치아의 전통적인 가면을 만들고 판매하는 곳. 가면 틀 제작부터 색을 입히는 것까지 모두 가면 장인 할아버지의 손을 거친다. 인기가 많은 마스크는, 여성들에게는 버건디 베네치아 로즈 컬러를 입힌 스완 가면, 남성들은 카사노바가 즐겨 썼던 바우타 가면이다. 이 공방은 아틀리에로도 활용되어 언제나 장인 할아버지가 천천히 가면을 제작하는 모습도 볼 수 있다.

Emilio Ceccato
에밀리오 체카토

Ⓐ Calle del Scaleter, 16, 30125 / 리알토 다리 앞
Ⓗ 매일 10:00~19:00 Ⓟ 곤돌리에 면 폴로 티셔츠 €54 Ⓜ Map → ④-A-4

베네치아의 상징 곤돌라. 곤돌리에들의 전통적인 유니폼을 비롯해 모자 등 액세서리를 판매하는 공식 스토어이다. 에밀리오 체카토의 모든 의류에 부착되어 있는 로고는 베네치아 곤돌라 협회의 상징이다. 이 로열티의 수익금은 곤돌라 전통 문화 보존을 위해 베네치아 곤돌라 학교와 곤돌라 메이커 등에 기부된다. 어린이, 여성, 남성 라인을 모두 갖추고 있어 낭만적인 베네치아에서 곤돌라 탑승의 추억을 가지고 갈 수 있는 곳.

Bottega d'Arte San Vio
보테가 다르테 산 비오

Ⓐ Dorsoduro 720/b, 30120 Ⓗ 11:00~18:00, 일 휴무 / 아카데미아 다리에서 도보 5분 Ⓟ 그림 엽서 €1, 그림 €110 Ⓜ Map → ⑥-D-4

베네치아를 배경으로 해학적인 그림을 그리는 화가 그레고리오 Gregorio가 운영하는 갤러리이자 숍. 베네치아에서 대대로 살고 있는 터줏대감인데, 아버지와 삼촌이 유명한 화가인 집안이다. 가격도 100유로 대부터이니 마음만 먹으면 작품이 내 것이 되는 찬스를 잡아볼 수도 있다. 작가가 직접 그린 베네치아 마그넷도 판매한다.

La Bottega dei Mascareri
라 보테가 데이 마스카레리 (p.039)

Ⓐ Calle dei Saoneri, 2720, 30125 / 산 토마 역에서 도보 3분
Ⓗ 매일 09:00~18:00 Ⓟ 베네치아 전통 가면 €15 Ⓜ Map → ⑤-E-1

베네치아 카니발이 시작되었던 1980년대부터 공식 퍼레이드용 가면을 제작하는 명성 있는 가면 공방. 톰 행크스 등 셀럽들이 즐겨 찾는 가면 공방으로도 유명하다. 전통 가면뿐만 아니라 인테리어용으로도 흥미로운 것들이 많아 시간 가는 줄 모르고 구경하게 되는 곳. 리알토 다리 앞(San Polo 80, Ponte di Rialto)에도 분점을 운영 중.

Il Pavone
일 파보네 (p.018)

베네치아는 출판업이 가장 먼저 생겨난 곳. 이에 따라 북 바인딩, 판화 인쇄술 등이 발전했는데, 베네치아 곳곳에는 아직도 대를 이어 수제로 책을 만드는 곳들이 많이 남아 있다.

일 파보네에서는 나무 판에 직접 음각으로 다양한 무늬를 만들고 베네치아산 잉크로 찍어내는 등 오직 수제로만 탁상용품을 만든다. 이렇게 만들어진 핸드메이드 노트, 엽서, 연필 등은 만든 사람의 따뜻한 손길을 느끼기에 충분하다. 과거에 봉투를 봉했던 실링 왁스 등도 구매할 수 있다. 책과 문구류를 좋아하는 여행자라면 헤어나오지 못할 곳.

Ⓐ Calle Venier dei Leoni Dorsoduro, 721, 30123 / 아카데미아 다리에서 도보 3분 Ⓗ 매일 10:00~17:30
Ⓟ 수제 노트 €25
Ⓜ Map → ⑥-D-4

Pastificio Giacomo Rizzo
파스티피치오 자코모 리쬬

100년이 훌쩍 넘은 수제 건파스타 가게. 이 가게의 수제 파스타를 맛 보고서는 마트에서 파는 공산품 파스타는 멀리할 수 밖에 없게 되었다. 쫄깃쫄깃하면서 생기가 느껴지는 게 마치 잘 뽑은 칼국수 면을 먹는 듯한 느낌이라고 할까? 특히 얇은 탈리아텔레 파스타로 만드는 까르보나라는 최고다. 무게도 가볍고 유통기한도 1년 정도로 길어 집으로 데려가 맛있는 파스타 요리를 해먹어도 좋을 것. 이탈리아 국기 색 등 컬러풀한 파스타는 선물용으로도 인기 만점.

Ⓐ Salizada S. Giovanni Grisostomo, 5778, 30121 / 리알토 다리에서 도보 2분 Ⓗ 월~토 08:30~13:00 / 15:30~19:30, 일 휴무 Ⓟ 탈리아텔레 수제 파스타 €3.83
Ⓜ Map → ④-B-3

> **TIP**
> 종류는 많지 않지만 쌀, 김치, 라면 등 한국 식재료도 한편에서 판매하고 있으니 급하게 한식을 공수해야 하는 여행자라면 참고하자.

Andrea's 리얼 까르보나라 만들기

베네치아만의 맛을 집으로!
수제 건파스타로 만드는 리얼 까르보나라.

재료(2인분 기준) 파스타 200g, 신선한 계란 3개, 관찰레(돼지 볼살) 혹은 베이컨 40g, 파르미자노 치즈 50g, 후추, 소금

① 계란 두 개는 노른자만, 나머지 한 개는 전체를 사용해 달걀물을 만든다. 그 안에 파르미자노 치즈를 몽땅 넣고 젓는다. 끈적끈적할 정도의 농도면 좋다. 후추와 소금 간을 살짝 한다. 소스 완성.

② 관찰레를 바삭하게 구운 후 조각 낸다. 관찰레에서 나온 기름은 따로 모아둔다.

③ 끓는 물 500g에 소금 한 티스푼을 넣고 파스타를 끓인다(파스타마다 끓이는 시간은 다르다. Pastificio Giacomo Rizzo의 탈리아텔레는 3분). 파스타 농도는 파스타를 삶은 면수로 맞추면 좋다. 파스타 물을 다 버리지 말고 한 국자 정도 남겨두자.

④ 파스타 익힌 물을 따라 버리고, 면은 만들어 둔 소스에 빠른 속도로 휘리릭 버무린다. 이때 파스타 삶은 물을 조금씩 넣어 농도를 맞추어도 좋다. 빠르게 섞지 않으면 면의 온도로 인해 계란이 스크램블처럼 되어 면에 붙는다. 맛도, 모양도 좋지 않으니 주의!

⑤ 파스타를 접시에 담고, 면 위로 익힌 관찰레를 고명으로 얹는다. 풍부한 맛을 위해 관찰레 기름을 한 티스푼 정도 파스타 위에 두르면 완성!

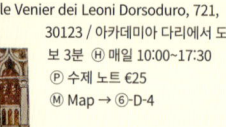

h.

Drogheria Mascari
드로게리아 마스카리

요리와 와인을 좋아한다면 헤어나오지 못할 가게. 1,000가지 종류가 넘는 와인과 트러플, 향신료 등 이탈리아 요리에 주로 쓰이는 고급 식재료들을 판매하는 그루멧 마켓이다. 1984년 문을 연 베네치아에서 가장 오래된 식재료 마켓으로, 할머니부터 손자까지 한 가족이 운영하고 있다. 현지인도, 여행자들도 많이 찾아 활기가 넘치는 곳.

Ⓐ 381 S. POLO, Venezia, VE 30125 / 리알토 마켓에서 도보 2분 Ⓗ 월~토 08:00~13:00/16:00~19:30, 일 휴무 Ⓟ 프로세코 €6 Ⓜ Map → ④-A-3

i.

Poli Grappa
폴리 그라파

포도를 증류시켜 만든 베네토 전통주 그라파는 40~50도 정도로 알코올 도수가 높다. 베네토 지방에서는 에스프레소 한 잔에 그라파를 조금 넣어 만든 카페 코레또Cafe Corretto를 식후에 즐겨 마신다. 감기가 오려고 할 때 따듯한 우유에 꿀을 가득, 그리고 그라파를 조금 넣어 타 마신 후 푹 자면 감기가 싹 달아난다는 베네토 지방의 속설도 있다. 그라파로 유명한 브랜드 중 하나인 폴리Poli는 1897년부터 시작된 최초의 그라파 브랜드다. 포도 종류별 클래식 크라파와 오크에 숙성시킨 것 등 종류가 다양하니 시음해보고 선택하는 것도 좋다. 한국에서 아직 찾아보기 힘든 만큼 보드카 등의 도수 높은 증류주를 좋아하는 지인에게 선물용으로도 추천. 시음 비용은 3유로.

Ⓐ Campiello Feltrina S. Marco, 2511B, 30124 / 산타 마리아 델 질리오 역에서 도보 2분 Ⓗ 매일 10:00~19:00 Ⓟ 베이비 폴리 €9.5 Ⓜ Map → ⑥-D-4

j.

Melissa
멜리싸

피렌체에 산타노벨라 크림이 있다면? 베네치아에는 나짜레스 성당의 멜리싸가 있다. 산타 루치아 역 바로 옆에 위치한 나짜레스 성당의 뒤뜰에서 가꾸는 멜리싸 허브로 만들어진 천연 멜리싸 소화제와 크림. 무려 300년 동안 수도원에서 비밀스럽게 전해져 내려오는 레시피로 만든다. 멜리싸 워터는 진정 작용이 뛰어나 소화가 잘 되지 않을 때 마시면 좋다. 레몬밤 다이어트로도 유명해진 레몬밤 티백도 베스트셀러 중 하나. 심신 안정에도 좋아 일본에서는 사무실에서 멜리싸를 거의 생수처럼 즐겨 마시는 사람들도 있다고 한다. 다만, 민간요법일 뿐이니 약을 대신해서 사용할 수 없다는 점은 참고하자. 베네치아에서만 구입할 수 있어 지인 선물용으로도 좋다.

Ⓐ Calle Carmelitani, 54, 30100 / 산타 루치아 역 앞 Ⓗ 매일 09:30~17:30 Ⓟ 멜리싸 워터 €7, 멜리싸 크림 €13~ Ⓜ Map → ③-A-2

TIP
멜리싸 워터 활용법

베네치아 사람들의 민간요법으로 전해지는 다양한 멜리싸 워터 활용법!
- 소화가 안될 때 : 따듯한 물에 10~20방울 정도 떨어뜨려 차 처럼 마시거나, 각설탕에 몇 방울 떨어뜨려 먹는다.
- 벌레 물렸을 때 : 헝겊에 멜리싸 워터를 적셔 문지른다.
- 머리가 아플 때 : 손바닥에 멜리싸 워터를 떨어뜨려 이마와 관자놀이를 부드럽게 마사지한다.
- 목이 아플 때 : 물에 멜리싸 워터 10~15방울을 섞어 하루에 1~4회 가글 한다.
- 탈모가 있을 때 : 샴푸 후 린스 전, 멜리싸 워터를 떨어뜨려 마사지 한다.

시간이 있다면 여기도!
그라파의 고향, Bassano del Grappa 바사노 델 그라파

증류주를 즐긴다면 베네치아 근교의 아름다운 소도시 바사노 델 그라파로 여행 속 여행을 떠나보면 어떨까? 베네치아에서 1시간 10분 정도 소요되는 비교적 가까운 거리. 매 시간 한 차례 정도 기차가 운행되어 이동도 어렵지 않다. 폴리Poli가 그라파 뮤지엄에서 진행하는 그라파 투어에 참여하거나 여러 Bar를 돌아다니며 그라파로 제조한 다양한 칵테일도 맛볼 수 있다. 이곳은 제2차 세계대전 당시 무차별 폭격을 당했던 곳으로도 유명하다. 바사노 델 그라파의 베키오 다리를 건너다보면 건물의 벽면이 벌집처럼 홈이 파여 있다. 모두 전쟁의 흔적들.

SOUVENIR & SNACK

Roberts

Roberts 로버츠 장미 화장품
은은한 장미향이 좋은 로버츠 장미 화장품. 이탈리아 국민 화장품으로 불린다. 장미수는 용량도 500ml 정도로 넉넉한데다 가격도 약 4~5유로로 저렴해 미스트를 대신해 마음껏 뿌려도 좋다.

SHOPPING : LOCAL MART

Must Buy Item 1

현지인이 강력 추천하는, 마트 쇼핑

이탈리아를 오감으로 기억하게 하는 식재료와 생활용품, 그리고 이탈리아 현지인 안드레아Andrea가 강력 추천하는 MUST BUY 아이템.

Marvis

Marvis 마비스 치약
이탈리아 여행의 필수 기념품이 된 마비스 치약. 상쾌한 민트 향이 입 안에서 지속되는 것이 한 번 써보면 다른 치약을 쓰기 쉽지 않을 정도. 빈티지 디자인에 양치를 할 때마다 기분이 좋아지는 것은 덤.

Liquirizia

Liquirizia 리퀴리스
우리는 한약에 주로 넣는 감초를 이탈리아에서는 사탕처럼 만들어 먹는다. 캔디, 젤리, 껌 등 다양한 종류가 있다. 할아버지가 가끔 주시던 은단이 생각나는 맛. 처음에는 거부감이 들다가 차츰 나도 모르게 찾아 먹게 되는, 길들여지면 은근히 중독성이 있다.

Bibanesi

Bibanesi 비바네지
엑스트라 올리브 버진 오일과 이탈리아에서 나는 곡물로만 만든 그리시니의 고급 버전. 베네토 지방에서는 식전빵으로, 파티에도, 아이들의 간식으로도 즐겨 먹는다.

BEVERAGE

Grappa

Grappa 그라파
베네토 지역의 전통주. 포도를 증류해서 만들어 알코올 도수는 40~50도 정도로 보드카와 비슷한 맛이 난다. 식후에 소화제로 한 잔, 추울 때 에스프레소에 조금 타서 마시면 동장군도 물러간다.

Limoncello 리몬첼로
이탈리아 남쪽 지방에서 생겨났지만, 지금은 이탈리아 전역으로 퍼져 식후에 가볍게 한 샷 정도 즐기는 레몬 리큐어. 차갑게 마시면 더 맛있다. 냉장고에 보관했다 야금야금 꺼내먹자.

Limoncello

Aperol

Aperol 아페롤
스프리츠를 제조하는데 필수품인 아페롤. 허브와 뿌리로 만들지만 달콤한 오렌지 맛이 난다. 알코올 도수는 11도. 오렌지 빛의 시원한 컬러는 파티 기분을 내는데 제격이다.

COFFEE & TEA

Ambrosoli

Ambrosoli 암브로솔리
1923년부터 꿀만 전문적으로 만들어오고 있는 회사. 아침에 요거트에 넣어 먹으면 만점.

Illy coffee

Illy Coffe 일리 커피
이탈리아식 홈카페를 완성하기 위한 필수품 중 하나. 모카포트용 일리 커피. 에스프레소에 사용되는 커피보다는 조금 더 두껍게, 핸드드립용보다는 조금 너 가늘게 글라인딩 되어 있다.

Bonomelli Tea

Bonomelli Tea 보노멜리 티
이탈리아인 남편 안드레아Andrea가 외할머니와 잠자기 전 매일 마셨던 추억이 있는 차. 카모마일 100%와, 꿀이 들어 달콤하게 마실 수 있는 차 이렇게 두 종류가 있다. 티백 한 개당 1리터가 필요한 만큼 티백 가득 카모마일이 들었다.

JAM & SOURCE

Novi

Novi 스프레드
설탕 50%의 뉴텔라는 잊어라. 헤이즐넛이 무려 45%가 든 초코 스프레드. 빵에 발라 얌! 먹으면 달콤 세상이 펼쳐진다.

Salt

소금
소금이 음식 맛을 이렇게 살려주는구나 하고 감탄하게 만들었다. 특히 구운 고기에 뿌리면 풍미가 살아난다. 글라인더도 함께 들어있어 사용하기도 편리하다.

Balsamic

Balsamic 발사믹
샐러드에 발사믹과 올리브 오일을 뿌려 먹으면 건강한 한끼 식사 완성! 약 15~20유로 정도의 발사믹이면 데일리로 먹기 좋다.

Jam

잼
아침으로 빵에 잼을 발라먹는 이탈리아인들에게 잼은 김치와 같은 필수품. 살구와 오렌지 잼이 기본 중의 기본. 자주 먹는 식품인 만큼 다양한 종류가 있는데, 레몬, 사탕수수 등으로 단맛을 낸 설탕 무첨가 제품을 고르자. 기분 좋은 달콤함이 느껴진다.

SHOPPING : LOCAL MART

Birra 이탈리아 맥주

라거에서부터 에일, 더블 몰트 등 우리나라에 비해 다양한 맥주를 판매하는 이탈리아. 와인처럼 내 취향에 맞는 맥주를 골라 마시는 재미가 있다. 여행을 더욱 시원하게 만들어 줄 맥주의 세계.

① Castello 카스텔로
베네치아 인근 우디네 지역에서 만들어지는 로컬 맥주. 특히 레드 비어인 Rossa를 추천!

② Ichusa 이크누사
이탈리아의 아름다운 섬 사르데냐에서 만들어진 맥주. '이크누사 = 사르데냐'라는 공식이 있을 정도로 사르데냐섬을 상징하는 맥주다. 시원한 목넘김이 여름날 해변에서 마시기 딱 좋은 라거.

③ Ichusa non Filtrata 이크누사 논 필트라타
필터를 거치지 않는 이크누사 맥주. 더욱 풍부한 느낌이다. 통통하고 귀여운 보틀도 구매 욕구를 불러 일으킨다.

④ Ma Ma 마마
두 눈을 번쩍 뜨게 만드는 힘 있는 기포가 매력적인 마마 맥주. 몇 가지 종류가 있지만 La Bianca(화이트 맥주)를 추천한다. 기포가 들어있어 때때로 맥주를 오픈할 때 '펑!' 하는 소리가 날 때도 있다. 튀김, 피자와 함께 마시면 최고다.

⑤ Morretti 모레띠
이탈리아의 국민 맥주인 모레띠. 레이블의 맥주를 마시고 있는 턱수염 할아버지 모습은 1982년부터 모레띠 맥주의 상징처럼 사용되고 있다. 그래서인지 이탈리아에서는 모레띠를 '턱수염 맥주'라고 부르기도 한다.

⑥ Nastro Azzurro 나스트로 아쭈로
가볍고 깡총깡총 뛰는 듯한 청량감에 이탈리아 젊은 층이 즐겨 찾는 맥주 중 하나. 아주 가볍게 즐기기 좋은 맥주.

⑦ Pedavena 페다베나
맥주의 재료가 어마어마하다. 이탈리아 알프스 돌로미테의 물로 만들고, 보리도 알프스 산에서 자란 것을 사용한다. 좋은 것을 가득 담아 만드는 맥주가 맛 없을 수는 없다. 청량감과 목넘김의 상쾌함이 최고.

⑧ Forest 포레스트
청량감과 함께 맥아향이 강하게 난다. 맥아 향을 좋아한다면 취향 저격!

⑨ Peroni Gran Reserva Rossa 페로니 그란 리제르바 로싸
페로니의 야심작 Gran Reserva. 2017년 세계 맥주 대회에서 금상을 수상했다. 풀 바디와 강한 몰트의 향을 느낄 수 있다.

Cioccolato 초콜릿

1. Mon Cheri 몬 체리
직사각형 모양의 초콜릿 속에 쌉싸름한 리퀴르와 맛있게 설탕에 절여진 체리 하나가 통으로 들어있다. 페레로 로쉐에서 만든 이탈리아 인기 초콜릿이지만 아직까지 한국에 수입되고 있지 않다. 입에 달콤한 초콜릿 하나를 가득 넣으면 어느새 입안에 퍼져오는 쌉싸름한 알코올과 설탕에 절여진 동그란 체리가 행복을 선사한다. 알코올이 든 초콜릿을 좋아하지 않는 필자도 중독시킨 매력적인 맛.

Mon cheri

2. Novi Gianduiotti 노비 쟌두이오띠
이탈리아 피에몬테 지방은 헤이즐넛의 산지. 바로 이 지방에서 만들어진 Novi 초콜릿에는 헤이즐넛이 듬뿍 들어있다. 밀크 초콜릿보다 입안에서 더 사르르 부드럽게 녹는다.

Novi Gianduiotti

3. Novi Nero Nero 노비 네로 네로
다크 초콜릿에 민트, 과일 등을 첨가했다. 어색한 조합처럼 보이지만 초콜릿의 단맛과 약간의 텁텁함을 잡아주는 것이 계속 손이 가게 만드는 매력 덩어리. 특히 매운 고추 초콜릿은 예상을 깨고 대단히 조화롭고 꽤 맛있다.

4. Novi Nocciolato 노비 노치오라토
밀크 초콜릿에 통 헤이즐넛이 한 가득!

5. Ferrero Rocher 페레로 로쉐
이탈리아에서 기업 순위 1위로 꼽힌 곳이 바로 페레르 로쉐. 초콜릿으로 이탈리아를 평정했다. 본고장 이탈리아에서 놓치면 아쉽다.

Novi Nocciolato

Ferrero Rocher

Novi Nero Nero

PLUS 베네치아의 슈퍼마켓

Despar Teatro 데스파 테아트로
문화재로 지정된 극장 건물을 무려 35억 원을 들여 리모델링한 고풍스러운 마트. 프레스코화 등을 그대로 보존해 색다른 쇼핑을 경험을 할 수 있는 곳. 마트 규모도 커 다양한 제품이 있고, 부라노에서 만든 쿠키 등 베네치아 특산품도 찾아볼 수 있다.

Ⓐ Rio Terà de la Maddalena, 1976, 30121 / 산 마르쿠올라 역에서 도보 3분 Ⓗ 매일 08:00~21:30 Ⓜ Map → ③-B-1

TIP
베네치아에는 마트에서 냉장고 안에 들어있는 시원한 물이나 맥주를 찾기 힘들다. 하지만 이 곳에서는 시원하고 다양한 맥주가 냉장고 속에 담겨있어 바로 마실 수 있다.

Caddy's 캐디스
드러그 스토어의 화장품 코너를 옮겨놓은 듯 한 가게. 이탈리아 국민 화장품 로버츠 화장품과 한 번 쓰면 계속 쓰게 되는 마성의 마비스 치약을 저렴하게 구매할 수 있다. 프랜차이즈 매장으로 베네치아 본 섬에 세 곳의 스토어가 있다.

Ⓐ Sestier Santa Croce Chiesa Santa Maria Mater Domini 2179 / 리알토 다리에서 도보 5분 Ⓗ 월~토 09:00~19:30, 일 휴무 Ⓜ Map → ④-B-4

Coop, Spar3 & Simply
베네치아에는 골목 곳곳에 마트들이 숨어 있다. 위치와 가까운 곳을 찾으려면 구글 지도에 대표적인 마트인 Coop, Spar, Simply 혹은 Super Mercato라고 검색해서 주변의 마트를 찾아가도 좋다.

Ⓐ Rio Terà de la Maddalena, 1976, 30121(Despar Teatro 기준) / 산 마르쿠올라 역에서 도보 3분 Ⓗ 매일 08:00~21:30 Ⓜ Map → ③-B-1

SHOPPING : PHARMACY

Must Buy Item II

이탈리아 여행의 필수 코스, 약국 쇼핑

이탈리아 여행의 필수 코스 '약국 쇼핑'. 'Must Buy' 베스트셀러부터 한국에는 아직 알려지지 않은 현지 핫! 아이템까지.

Camaldoli

Amarigo

Crema F.

Sapone a base di latte

Pot Pourri in sacchetto

a.
Erboristeria Armonie Naturali
에보리스테리아 아르모니에 나튜라리

Ⓐ Rio Terà S. Leonardo, 1373/a, 30121 Sestiere Cannaregio Ⓗ 월~토 09:00~19:15, 일 휴무 Ⓟ 까말돌리 크림 €14.5 Ⓜ Map → ③-A-1

오직 천연 재료만으로 이탈리아에서 만든, 믿을 수 있는 제품만을 셀렉해 판매하는 약국. 개당 14.5유로로 베네치아에서 가장 좋은 가격에 까말돌리 크림을 찾을 수 있는 곳이기도 하다. 까말돌리 제품 중에서 크레마 알라 카렌듀라(보습 크림), 네베 디 까말도리(수분크림) 등이 인기가 좋은데, 피부에 잘 맞는 제품을 선택 할 수 있도록 한글 설명서도 배치되어 있다.

01 까말돌리
까말돌리는 이탈리아 북부 높은 산에 위치한 까말돌리 수도원Monastero di Camaldoli에서 1048년부터 만들어지기 시작했다. 이 수도원 부근에서 나는 약초들을 재료로 핸드메이드로 만든 천연 화장품. 산타 노벨라 약국의 크림에 비해 저렴한 가격으로, 가성비 좋은 크림으로도 유명하다.

02 현지 약사가 추천하는 Made in Italy 화장품 'Amarigo 아마리고'
화장품에 사용되는 모든 재료를 이탈리아에서 공수해 만든, 재료부터 제조까지 100% 이탈리아에서 만들어진 화장품. 아직까지 한국에는 수입되지 않아 이탈리아에서만 구할 수 있다. Amarigo에서 근무했었던 이 약국의 약사가 당시 직접 이 제품을 만들었는데, 이만큼 좋은 재료와 성능의 화장품은 찾기 힘들 거라고. 실제로 사용해보니 피부에 가볍게 스며드는 느낌이 매우 경쾌했다.

b.
Santa Maria Novella
산타 마리아 노벨라

Ⓐ Salizada San Samuele, 3149, 30124 San Marco
Ⓗ 월~토 10:30~19:30, 일 11:00~18:00
Ⓟ 수분크림 €55 Ⓜ Map → ⑥-D-3

세계에서 가장 오래된 약국 중 하나인 피렌체의 산타 노벨라 약국을 베네치아에서도 만날 수 있다. 1221년부터 도미니코 수도사들에 의해 제조되기 시작해 지금까지도 허브와 식물성 지방 성분만을 이용해 제조되는 천연 화장품. 고현정 크림으로 인기가 많은 수분크림이 한국에서는 13만 원 정도인데, 현지에서는 55유로로 거의 반 가격에 구매가 가능하다. 산타 노벨라 약국의 베스트셀러는 단연 크림 종류이지만, 프랑스 등 유럽에서는 향수, 포프리로도 많이 알려졌다.

약사가 직접 추천하는 산타 노벨라 Best Seller

01 로션류
Aqua di Rose 아쿠아 디 로제 : 장미수
Crema Idralia 크레마 이드라리아 : 피부 보습 & 보호 크림
Crema F. 크레마 에프 : 영양 크림
Crema di Polline 크레마 데 폴리네 : 재생 크림

02 비누 & 바디 크림
Sapone Latte Rosa 사포네 라떼 로사
Olio Dermoprotettivo 올리오 데르모프로텍티보 : 튼살 방지, 피부 보호

03 향수
Angeli di Firenze 안젤리 디 피렌체
Acqua di S.M.Novella 아쿠아 디 산타 노벨라
Fresia 후리지아
Pot Pourri in Sacchetto 포트 포우리 인 사케토 : 토스카나 동산에 피는 꽃과 허브를 섞어 전통 항아리에 넣은 후 오랜 숙성 기간을 거친 포푸리. 산타 마리아 노벨라 전통 문양이 박힌 실크 주머니에 들어있어 선물용으로도 좋다.

04 기타
Tavolette di Cera 타볼레테 디 체라 : 서랍이나 옷장에 걸어 향기가 나게 하는 왁스 타블렛. 선물용으로 Good!

SHOPPING : ITALY BRAND

Outlet Shopping
아웃렛에서 즐기는 이탈리아 브랜드 쇼핑

명품 브랜드의 고향 이탈리아에서 귀국보다 저렴하게 그리고 다양하게 즐겨보자.

TIP

가는 방법

베네치아에서 45km 정도 떨어져 있는 노벤타 아웃렛은 대중교통으로 접근하기는 쉽지 않다. 노벤타 아웃렛에서 운영하는 셔틀버스를 이용하면 40~50분 만에 편안하게 도착할 수 있다. 출발 시간이 변동될 수 있으니 홈페이지에서 한 번 더 확인하자.
- 베네치아 트론케토 → 노벤타 피아베 디자이너 아웃렛 : 10/14시
- 아웃렛 → 베네치아 : 15/19시
- 가격 : 편도 8유로, 왕복 15유로, 4세 이하는 무료

10% 추가 할인

노벤타 아웃렛 홈페이지에서 Previllage Card를 신청하면 쇼핑 당일 10% 추가 할인이 가능한 카드를 만들 수 있다. 홈페이지에서 카드를 만들고 이메일로 받은 초대장을 아웃렛 인포메이션에서 티켓으로 바꾸면 된다. 적용되지 않는 브랜드도 있으니 확인할 것.

놓칠 수 없는 이탈리아의 세일 기간

이탈리아는 크리스마스와 새해가 지난 후 1월부터 2월까지 50% 이상 세일을 진행한다. 이 기간에 방문한 여행자라면 쇼핑의 재미도 놓치지 말자.

Noventa di Piave Designer Outlet
노벤타 디 피아베 디자이너 아웃렛

Ⓐ Via Marco Polo, 1, 30020 Noventa di Piave VE / 셔틀버스 편도 약 40분 Ⓗ 매일 10:00~20:00 Ⓜ Map → ①-근교

3시간 정도면 충분하겠지 생각했던 쇼핑 시간이 늘 하루 종일로 늘어나고 마는 곳. 구찌, 프라다 등 명품 브랜드에서부터 폴로까지 시중가의 70%라는 저렴한 가격에 판매하고 있으니 어쩌면 당연한 것일 수도. 의류, 리빙, 스포츠 등 다양한 분야의 약 200개 숍들이 입점해 있는데, 피렌체에 위치한 '더 몰'에 비해 관광객이 적어 여유롭게 쇼핑할 수 있다. 아웃렛인 점을 고려, 베스트셀러 혹은 신상품은 찾아보기 어렵다는 점은 감안하자.

PLUS

32 Via dei Birrai 32 비아 데이 비라이

쇼핑 후엔 맥주 한 잔이 최고! 베네치아 인근에 위치한 크래프트 비어 32가 노벤타 아웃렛에 시그니처 매장을 냈다. 8개 다른 종류의 맥주가 있는데 하나 같이 모두 끝내준다. 에일 맥주를 좋아한다면 아트라Atra 맥주를 추천한다. 크리미하고 깊은 맛이 인상적이어서 제조 비법을 물어보니 마치 와인을 만들 듯 숙성 과정을 거친다고. 32만의 스타일로 만든 맛있는 수제 햄버거도 함께 곁들이면 한 끼 식사로도 손색이 없다.

Lindt 린트 젤라또

초콜릿을 전문적으로 만드는 스위스 브랜드 린트에서 만든 젤라또. 이탈리아 현지인도 인생 젤라또를 만났다고 할 만큼 끝내주는 맛. 초콜릿 전문인 만큼 초콜릿을 베이스로 한 젤라또와 헤이즐넛, 피스타치오를 추천한다.

PLACES TO STAY

바다 위의 특별한 도시 베네치아. 이 도시를 느끼고 즐기기 위해 1년 내내 전 세계에서 관광객들이 몰려든다. 그만큼 다양한 숙박 시설이 존재하는 곳. 아침에 떠오르는 해와 함께 반짝반짝 깨어나는 운하의 모습을 하염없이 바라볼 수 있는 뷰의 호텔부터 베네치아 주민의 삶을 엿볼 수 있는 골목길의 숨겨진 가족 운영 숙소까지. 베네치아 대부분의 건물이 문화재로 지정되어 있는 만큼 리모델링 하기가 어렵기 때문에 다른 지역에 비해 가격이 높고 오래된 느낌을 받을 수 있는 점도 고려하자. 취향껏 선택하는 베네치아의 숙소들.

CHECK

숙소 선택 시 고려해야 할 점

1. 위치
베네치아는 400여 개의 다리로 이루어진 섬. 산타 루치아 역 700m 반경에 위치한 숙소라 할지라도 무거운 캐리어를 들고 다리와 골목을 헤치고 가기가 쉽지 않다. 최대한 역에서 가까운 숙소 혹은 수상버스 정류장과 가까운 곳을 선택하는 것이 좋다.

2. 숙소에 찾아갈 때
베네치아 골목길에서는 GPS가 잘 잡히지 않아 지도 어플리케이션을 사용하기 힘들 때가 있다. 만약 숙소가 골목길 사이에 위치해 있다면 주변의 큰 건물을 알아두고 그 후부터는 번지수를 보고 찾아가는 것도 방법이다.

3. 본 섬 vs 메스트레
베네치아의 호텔을 선택할 때는 본 섬과 메스트레 위치의 장단을 놓고 고민하게 되는 경우가 많다. 낮과 다른 베네치아의 아름다운 밤을 넉넉하게 즐기고 싶다면, 그리고 쏟아지는 햇살 사이로 곤돌라가 다니는 비현실적인 베네치아의 뷰를 숙소에서 바라보고 싶다면 베네치아 본 섬을, 모던하고 경제적인 잠자리를 선호한다면 메스트레 역 주변의 호텔을 선택하자. 메스트레 역에서는 거의 10분에 한 대씩 본 섬으로 가는 기차와 버스가 있기 때문에 이동에는 문제가 없다. 마지막 기차는 밤 11시경.

4. 호텔 가격
다양한 관광객이 찾는 도시인만큼 약 30유로의 호스텔부터 하룻밤에 1천만 원을 호가하는 최고급 호텔들도 있다. 바다 위에 지어진 도시인만큼 관리가 어렵다는 점과 관광지 물가 등이 합쳐져 숙박 요금이 다른 지역에 비해 저렴하지는 않다. 호텔 가격은 3성급 100~140유로, 4성급 140~350유로, 5성급 350~1,000유로. 하지만 예약, 여행 시기에 따라 가격이 달라지니 참고만 하자.

5. 어메니티
베네치아를 비롯한 이탈리아의 호텔들은 전기포트와 실내에서 신을 수 있는 슬리퍼 등이 구비되어 있는 경우가 드물다. 커피포트가 필요한 경우 호텔에 준비 되어있는 곳도 있으니 프론트에 문의해 보자.

Five-Star Hotels

1. The Gritti Palace
그리티 호텔

4차 십자군 전쟁에서 시력을 잃은 채 베네치아의 승리를 이끈 도제 안드레아 그리티. 그의 개인 저택이었던 곳을 19세기에 호텔로 리모델링 했다. 이를 보여주듯 전통과 화려함이 로비에서부터 가득 느껴진다. 우디 앨런, 존 러스킨, 영국 왕실 가족 등 많은 셀럽들이 다녀간 럭셔리 컬렉션 체인의 호텔.

Ⓐ Campo Santa Maria del Giglio, 30124 / 산타 마리아 델 질리오 선착장에서 도보 2분 ⓣ 041-794611 Ⓜ Map → ⑥-D-4

2. Hotel Danieli
다니엘리 호텔

14세기 도제 단돌로의 개인 저택으로 지어져 1822년부터 호텔로 사용되고 있는 세계에서 가장 오래된 호텔 중 하나. 이 호텔은 겉모습만 보고서는 그 진가를 판단하기 어렵다. 오래되어 보이는 호텔 앞 회전문을 통과하면 입이 떡 벌어지는 고풍스러우면서도 화려한 모습에 반하게 된다. 산 마르코 광장과 몇 발자국 떨어져 있지 않은 최고의 위치와 대운하가 훤히 보이는 뷰를 자랑해 세계 유명 인사들의 러브콜을 받는 것이 당연한 것인지도 모르겠다. 베네치아를 배경으로 한 영화 <투어리스트>에서 안젤리나 졸리와 조니 뎁이 묵었던 호텔도 바로 이 다니엘리 호텔. 투숙객이 아니어도 로비까지는 입장이 가능하니 구경 삼아 둘러보아도 좋은 곳이다.

Ⓐ Calle Seconda de la Fava, 4196, 30122 / 산 자카리아 다니엘리 정류장에서 도보 1분 ⓣ 041-522-6480 Ⓜ Map → ⑥-F-3

Four-Star Hotels

3 Ruzzini Palace Hotel
루찌니 팔라스 호텔

도제 루찌니의 개인 저택이었던 호텔. 저택을 지을 당시 두칼레 궁전과 가깝지만 프라이버시를 위해 비교적 한적한 곳을 선택해 지금의 위치에 자리했다. 그래서인지 산 마르코 광장에서 도보 8분 정도의 베네치아의 중심에 위치해 있지만 수많은 관광객들로부터 살짝 피해 편안히 휴식을 취할 수 있는 위치. 이 호텔의 화룡점정은 1~5명이 묵을 수 있는 로얄 스위트룸. 베네치아의 유명한 화가 티에폴로의 스승이었던 라짜로니가 13세기에 직접 그린 오리지널 천장화가 보존되어 있다.

Ⓐ Campo Santa Maria Formosa, 5866, 30122 / 리알토 다리에서 도보 6분 Ⓟ 041-241-0447 Ⓜ Map → ④-C-4

4 Ca' Nigra Lagoon Resort
카 니그라 라군 리조트

대운하를 달리다 아름다운 정원을 가진 호텔을 보고 이곳은 가봐야겠다는 생각이 들어 바로 예약했다. 호텔 안은 베네치아 양식에 이국적이고 동양적인 가구와 소품이 합쳐져 꽤나 매력적이다. 여행을 좋아하는 주인장이 일본, 인도 등으로 여행을 다니며 차곡차곡 모은 소품들이라고. 총 22개의 객실이 있는데, 모두 다른 콘셉트를 가지고 있어 원하는 분위기를 골라 숙박하는 재미도 있다. 운하가 보이는 정원에서 프라이빗 파티 등도 열 수 있으니 해외 웨딩이나 특별한 이벤트를 계획하고 있다면 참고해도 좋을 곳.

Ⓐ Santa Croce, 927, 30135 / 페로비아 역에서 도보 5분 Ⓟ 041-275-0047 Ⓜ Map → ③-A-2

5 Hotel L'Orologio Venezia
호텔 로로로지오 베네치아

유명한 시계 콜렉터가 주인장인 부티크 호텔. 호텔 이름도 로로로지오 L'Orologio '시계' 호텔이고 그에 걸맞게 호텔 전체는 '시계' 테마로 꾸며져 있다. 피렌체에서 6개의 호텔을 운영 중인 WTB 그룹이 베네치아에 새롭게 만든 호텔인 만큼 체계적이고 친절한 서비스와 함께 깨끗함과 모던함을 갖췄다. 이 호텔에 묵는다면, 약간의 추가 금액을 지불하더라도 대운하가 보이는 방에 머물 것을 추천한다. 대운하 건너편으로 베네치아 고딕 양식의 대명사인 화려한 건물 카 도로가 한눈에 보이는 아름다운 뷰를 자랑하기 때문. 리알토 마켓 역 바로 앞에 위치해 접근성도 좋다.

Ⓐ Sestiere San Polo - Riva de L Ogio, 1777 / 리알토 마켓 역에서 도보 2분 Ⓟ 041-272-5800 Ⓜ Map → ④-A-3

6 Plaza Hotel
플라자 호텔(메스트레)

메스트레 역 바로 코앞에 위치한 플라자 호텔. 호텔에서 출발해 베네치아 본 섬까지 도착하는데 15분이면 충분하다. 세련되고 모던한 스타일, 깔끔한 비즈니스 호텔 스타일을 좋아하는 여행자에게 추천. 특히 4명 가족 여행의 만족도가 높은 호텔이다.

Ⓐ Viale Stazione, 36, 30171 / 베네치아 메스트레 역에서 도보 2분 Ⓟ 041-929388 Ⓜ Map → ①-근교

7 Rosa Salva Hotel
로사 살바 호텔

연인을 위한 깜짝 이벤트를 계획하고 있다면? 그리고 둘째가라면 서러운 이탈리아식 호텔 조식을 맛보고 싶다면?! 바로 이 호텔을 눈여겨 보자. 1879년부터 문을 연 명성 있는 파스티체리아 로사 살바Pasticceria Rosa Salva에서 만든 호텔. 베네치아 공식 행사와 로얄 패밀리의 만찬 음식을 준비하던 그 섬세한 터치가 호텔에도 그대로 스며 들었다. 3성급 호텔이라는 것이 믿기지 않을 만큼의 여러모로 게스트를 배려하는 서비스가 느껴졌던 호텔. 방으로 들어서면 기본으로 제공되는 베네치아 전통 쿠키 에쎄와 드롱기 커피 캡슐 머신이 먼저 반겨준다. 달달한 쿠키와 커피 한잔을 즐기며 여행을 시작할 수 있다. 호텔 조식은 1층의 로사 살바에서 매일 새벽 만든 아주 신선한 베이커리가 제공된다. 발렌타인 데이 혹은 크리스마스 때에는 방 안에 조그마한 웰컴 초콜릿을 기프트로 살짝 두기도 한다. 유럽 호텔에서는 찾아보기 드문 전기포트와 전자 금고도 구비되어 있다. 베딩도 훌륭해 여행의 피로를 말끔히 씻어준다. 프로포즈나 이벤트를 계획하고 있다면, 예약 시 로사 살바에서 만든 수제 케이크와 샴페인 등을 리셉션에 주문할 수도 있다. 산 마르코 광장에서 도보 5분 거리. 베네치아의 거의 모든 호텔들이 그렇듯 넓은 공간은 기대히 지 않는 것이 좋다. 살짝 넓은 공간을 원한다면 더블 수페리오레 이상의 룸을 추천한다.

ⓐ Calle Fiubera, 951, 30124 / 리알토 다리에서 도보 4분 ⓣ 041 241 3323 Ⓜ Map → ⑥-E-3

Bed and Breakfast

8 Alla Vite Dorata B&B
알라 비타 도라다 B&B

ⓐ Rio Terà Barba Frutariol, 4690B, 30121 / 폰다멘테 노베 역에서 도보 5분 ⓣ 041-241-3018 Ⓜ Map → ③-C-2

주인장이 마치 자기 집을 가꾸듯 섬세하고 따뜻한 분위기로 공간을 꾸민 포근한 B&B. 하나라도 더 챙겨주고 싶어하는 주인장 알렉산드라 덕분인지 단골 여행객도 많단다. 모든 룸에는 캐노피가 더해진 침대가 있어 한껏 로맨틱함을 즐길 수 있다. 연인과 함께하는 여행이라면 아기자기하고 예쁜 운하 뷰가 파노라마처럼 펼쳐지는 더블 슈페리오레 카날 뷰를 추천한다. 조식이 제공되는 로비에서는 소운하가 보이고, 테라스에 야외 테이블 하나가 놓여 있다. 운하 뷰 테라스에서 아침식사를 즐기는 것, 베네치아를 여행하는 사람이라면 누구나 꿈꾸는 모닝이 아닐까? 그래서인지 아침마다 이 테라스를 차지하기 위한 소리 없는 쟁탈전이 벌어진다. 웰컴 기프트로 달콤한 초콜릿은 물론 언제나 응접실에서 간단한 커피와 티를 마실 수 있도록 준비되어 있다. 아름답고 따뜻한 느낌이 가득한 이곳은 가성비에 더해 가심비까지 충족시켜 주는 곳. 8개의 룸을 가진 아담한 숙소이고 가격도 예약 시기에 따라 크게 달라지니, 숙박할 예정이라면 가능한 빨리 예약을 하는 것이 좋다.

ⓐ Calle Pezzana, 2165, 30125 San Polo/ 산 스타에 역에서 도보 7분 ⓣ 348-812-6618 Ⓜ Map → ⑤-E-1

9 Residenza Ca'Dorin
레지덴자 카 도린

활기찬 산 폴로 광장에 위치한 레지덴스 카 도린Dorin은 주인장의 이름이고 Ca'(카)는 집, '도린의 집'이라는 뜻. 주인장과 와이프가 함께 이곳에 머물면서 손님들을 챙긴다. 그래서인지 집에 초대받은 듯 정겹고 따뜻함이 느껴지는 곳. 한인 민박의 따스함과 호텔의 편안함을 합친 곳이라고 할까? 주인장과 이야기를 나누어보니 숙박 예약 사이트 평점 5점 만점에 5점 만점을 기록하고 있는 이유를 알 것 같다. 여행자에게 따듯한 환대를 더한 즐거운 만남 그리고 깔끔하고 안락한 집까지. 활기차지만 관광지는 아닌 산 폴로 광장에 위치해 있기 때문에 현지 삶을 엿보기에도 좋은 곳이다.

ATTRACTIVE SUBURBS

베네치아 근교 여행

이탈리아의 도시들은 마치 서로 다른 작은 행성들 같다. 같은 나라임에도 도시별로 다양한 색깔이 존재하는 곳. 베네치아에서 차 혹은 기차로 약 1시간 거리에 있는 아름다운 소도시들은 베네치아만큼이나 각자의 숨은 매력을 뿜어낸다. 도시의 여행객들에게서 벗어나 이방인의 자유로움을 느끼고 싶다면, 나만의 소울 시티를 발견하고 싶다면, 그리고 이탈리아의 인심을 느끼고 싶다면 근교 도시로 향해보자.

01
VERONA 베로나 : 사랑의 도시

02
TREVISO 트레비소 : 트레비소에서 즐기는 식도락 여행

03
VALDOBBIADENE 발도비아데네 : 최고급 프로세코와 함께

Verona
Key Word
사랑, 와인, 음악

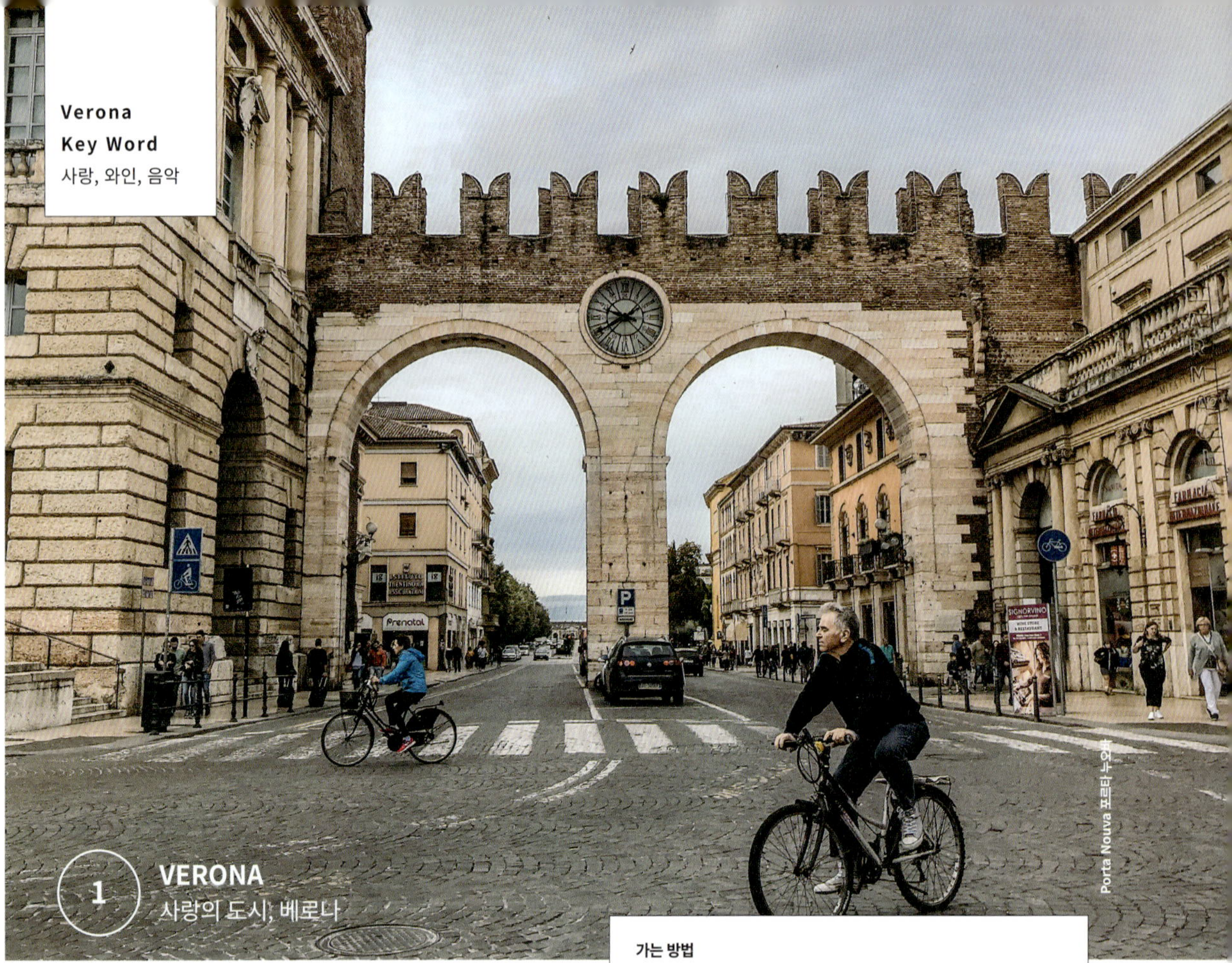

Porta Nouva 포르타 누오바

1 VERONA
사랑의 도시, 베로나

가는 방법
베네치아 산타 루치아 역에서 출발해 기차로 약 1시간 정도 소요된다. 주요 관광지가 중심가에 몰려있어 하루 정도면 여유 있게 여행을 즐길 수 있다.

셰익스피어의 <로미오와 줄리엣>의 배경이 되었던 로맨틱한 도시 베로나. 베로나 시내 줄리엣의 집에는 운명적인 사랑을 이루려는 이들로 가득하고, 아름다운 아티제 강변에서는 연인들이 사랑을 속삭인다. 베로나에 다녀오는 것만으로도 아름다운 사랑을 할 수 있게 될 것이라는 믿음이 생기게 되는, 사랑의 마법이 가득한 이 도시. City of The Love.

Tip. Verona Card 베로나 카드
베로나 카드는 17개의 성당 및 박물관 입장이 가능하고 시내버스 또한 탑승할 수 있는 여행자 카드다. 아레나와 줄리엣의 집 등 대부분의 관광 명소가 포함되어 있으니 구매하는 것을 추천한다. 투어 인포메이션 센터 혹은 각 박물관에서도 구매 가능하다. 각 박물관 입구에서 베로나 카드를 제시하면 입장권으로 바꾸어 사용하는 방식, 입장을 기다리는 줄을 스킵할 수는 없다. 24시간 18유로, 48시간 22유로.

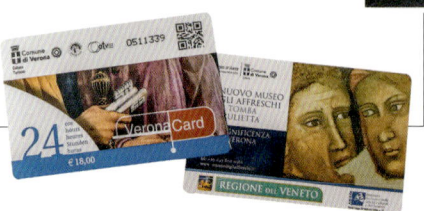

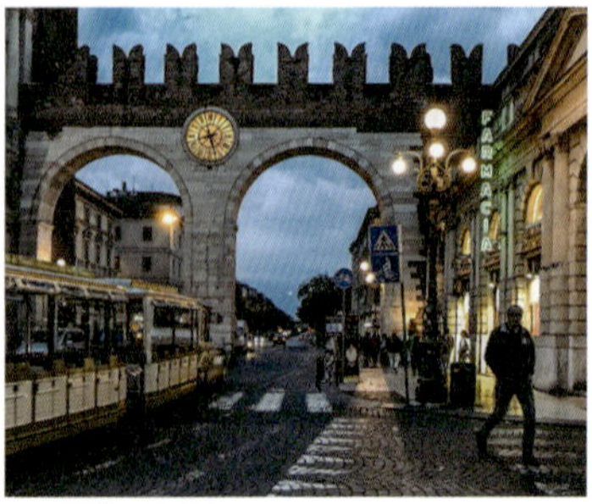

a. Porta Nouva 포르타 누오바

베로나로 들어가는 첫 관문. 1400년대 베네치아가 베로나를 점령했을 때 세운 'Nuovo(새로운) Porta(문)'이다. 포르타 누오바를 지나 직진으로 약 1 km 정도 걸어 들어가면 다른 성문이 하나 나오는데, 베네치아가 베로나를 점거하기 전 베로나가 사용했던 성벽이다. 여행자에게는 비로소 베로나 여행이 시작 되는 곳. 이 성벽을 넘어서면 베로나에서 가장 넓은 광장인 브라 광장이 펼쳐진다.

Ⓐ Piazzale Porta Nuova, 37122 / 포르타 누오보 역에서 도보 7분
Ⓜ Map → ⑧-C-2

b. Via Mazzini 마찌니 거리

베로나에서 패션 피플들이 가장 많이 모이는 베로나의 대표적인 쇼핑 거리. 꽃으로 예쁘게 장식한 아름다운 발코니를 가진 건축물들이 쇼핑의 재미를 더한다.

Ⓐ Via Giuseppe Mazzini 37121 / 브라 광장에서 도보 5분
Ⓜ Map → ⑧-C-2

d. Piazza delle Erbe 에르베 광장

과거 베로나의 경제, 정치 중심 역할을 했던 광장. 허브 광장이라는 뜻으로 여러 약초와 야채를 판매했던 곳이기도 하다. 광장 중앙에는 '폰타나 마돈나 베로나Fontana Madonna Verona(베로나의 성모 마리아 분수)'가 있는데, 특이하게도 수갑을 들고 있다. 범죄자를 처벌하는 곳으로도 쓰인 이 곳을 상징하기 위해서라고 하는 이야기가 전해지지만, 실제 이유는 베로나에서도 아주 소수의 사람들만 알고 있는 비밀이라고. 현재는 상시 마켓이 열려 언제나 활기차다. 뜨거운 여름철이면 이곳에서 파는 컵 과일로 비타민을 충전하며 여행해 보자.

Ⓐ Piazza Erbe, 16, 37121 / 브라 광장에서 도보 10분 Ⓜ Map → ⑧-B-2

> **Nearby. Porta dei Borsari 보르사리 데이 포르타**
> 1세기 로마 시대 때 완공된 베로나의 출입문. 'Borsa'는 가방이라는 뜻인데, 베로나로 들어오는 상인들에게 세금을 징수하는 곳으로 쓰였다.
>
> Ⓐ Corso Porta Borsari, 57A, 37121 / 에르베 광장에서 도보 5분
> Ⓜ Map → ⑧-B-2

c. ARENA 아레나

1세기, 로마 시대에 지어진 원형 경기장. 이탈리아에서 세 번째 규모를 자랑하며 2만 5,000명 정도 수용이 가능한 베로나의 상징이다. 아레나는 초기에 검투장으로 사용되나 시대에 따라 과일 가게, 우시장 등 다른 용도로 쓰였다. 현재 아레나에서는 6월부터 9월까지 한여름밤 세계 최고의 오페라 축제가 펼쳐진다. 이 오페라를 감상하기 위해 매해 세계에서 50만 명 이상의 음악 애호가들이 베로나로 모여들 정도. 이 축제에는 세계 최고의 오페라 가수들이 등장하고, 코끼리와 말 등 실제 동물들 또한 무대에 등장해 화려함을 더한다. 천 년이 훌쩍 넘은 아레나에서 달빛과 함께 즐기는 오페라. 여름 밤을 보내기에 이보다 더 우아하고 낭만적인 이벤트가 있을까? 티켓 가격은 입석 26유로부터 204유로까지 좌석 별로 다양하다. 공연 프로그램 확인 및 예약은 홈페이지(www.arena.it/arena/en)에서 가능하다.

Ⓐ Piazza Bra, 1, 37121 / 브라 광장 내 Ⓗ 화~일 08:30~19:30, 월 13:30~19:30, 마지막 입장 가능 시간 18:30 Ⓟ 입장료 €10 (베로나 카드 소지 시 무료) Ⓜ Map → ⑧-C-2

e. Torre dei Lamberti 람베르티의 탑

1172년 람베르티 가문이 세운 높이 83m의 베로나에서 가장 높은 탑. 탑 위의 테라스에 서면 베로나 시내가 360도로 한눈에 보이는 파노라믹 뷰가 펼쳐진다. 갈색 지붕으로 물든 베로나 도시 너머로 와이너리가 펼쳐진 초록 땅들도 한눈에 들어오는데, 맑은 날에는 저 멀리 펼쳐진 알프스 산맥도 볼 수 있다. 368개의 계단으로 올라가거나 엘리베이터를 타고 올라갈 수 있다.

Ⓐ Via della Costa, 1, 37121 / 에르베 광장에서 도보 1분
Ⓗ 월~금 10:00~18:00, 토/일/공휴일 11:00~19:00, 12월 25일 휴무
Ⓟ 입장료 €8 (베로나 카드 소지 시 무료, 입장권으로 Gallery of Modern Art 뮤지엄도 입장 가능), 엘리베이터 €1(별도 구매) Ⓜ Map → ⑧-B-2

f. Casa di Giulietta
줄리엣의 집

셰익스피어 <로미오와 줄리엣>의 배경으로 등장하는 줄리엣의 집. 집으로 들어가는 길목에는 전 세계 다양한 언어로 쓰인 사랑 고백이 빼곡하다. 어떤 구구절절한 사랑 고백일까 궁금해 살짝 들여다보게 된다. 정원에 있는 줄리엣의 오른쪽 가슴을 만지면 운명적인 사랑이 이루어진다는 이야기가 전해져 언제나 닳아 반들반들하다. 필자도 15분 정도를 기다린 끝에 줄리엣의 가슴을 만지며 사랑이 영원히 지속되기를 기도했다. 당연하겠지만 이곳은 줄리엣이 실제 살았던 집은 아니다. 1905년 베로나 시에서 13세기 저택을 개조해 줄리엣의 집으로 사용 중이다.

> **Behind Story.**
> 왜 셰익스피어는 베로나를 <로미오와 줄리엣>의 무대로 삼았을까?
> 13세기 베로나에서는 가문의 권력다툼이 심해 날이면 날마다 가문 대 가문의 혈투가 벌어지곤 했다. 이 다툼에서 가문을 보호하기 위해 성벽을 쌓아 요새처럼 만든 저택만해도 700채가 넘는다고 하니, 그 투쟁이 얼마나 심각했는지 알 수 있다. 셰익스피어는 매일 가문과 가문의 충돌이 벌어지는 도시 베로나를 소재로 <로미오와 줄리엣>이라는 아름답고 가문 간에 펼쳐지는 비극적인 사랑 이야기로 재탄생시켰던 것.

> **Movie. Letters to Juliet 레터스 투 줄리엣**
> 사랑의 도시 베로나에서 시작해 시에나의 아름다운 토스카나 대평원을 배경으로 옛 사랑을 찾아가는 러브스토리가 전개된다. 사랑하는 사람과, 혹은 사랑하는 사람을 찾기 위해서라도 베로나에 가야겠다는 생각이 들게 만든다. 우연이 우연을 만들고, 우연이 사랑을 만들게 되는 러브 스토리. 우리의 여행도 아름다운 우연과 만남이 계속되기를 살며시 바라게 되는 영화.

줄리엣의 집 내부
로미오와 줄리엣이 사랑을 속삭인 테라스. 줄리엣의 집에 들어가 누구나 영화 속 주인공이 되어 볼 수 있고, 줄리엣에게 편지도 남길 수 있다. 실제로 이 편지는 가상의 줄리엣에게 전달되어 답장을 받을 수도 있는데, 영화 <레터스 투 줄리엣 Letters to Juliet >의 소재가 되기도 했다.

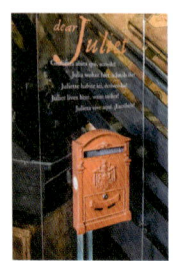

Ⓐ Via Cappello, 23, 37121 / 아르베 광장에서 도보 2분
Ⓗ 화~일 08:30~19:30, 월 13:30~19:30(마지막 입장 시간 18:45)
Ⓟ 입장권 €6(베로나 카드 소지 시 무료)   Map → ⑧-B-1

g. Piazza dei Signori
시뇨리 광장

에르베 광장과 마주보고 있는 시뇨리 광장. 에르베 광장에서 시뇨리 광장으로 들어가기 위해서는 아치를 통과해야 하는데, 높다란 아치 위에 고래 갈비뼈가 걸려 있다. 아치 사이로 거짓말을 한 번도 한 적이 없는, 아주 순수한 사람이 지나가면 고래 뼈가 서서히 내려온다는 전설이 전해지는 곳. 물론 아직까지 고래 뼈는 아치 위에서 그 순수한 사람을 기다리고 있다. 겨울에는 베로나의 크리스마스 마켓이 펼쳐지니 12월 겨울 여행자라면 참고하자.

Ⓐ Piazza dei Signori / 에르베 광장에서 도보 1분
Ⓜ Map → ⑧-B-2

Nearby. Flego Pasticceria
파스티체리아 프레고
눈을 사로잡는 컬러풀한 마카롱과 케이크. 피스타치오와 로미오와 줄리엣 마카롱은 꼭 맛볼 것.

Ⓐ Via Stella, 13, 37121 / 에르베 광장에서 도보 3분
Ⓗ 화~일 08:00~19:30, 월 휴무   Ⓟ 마카롱 €1.5
Ⓜ Map → ⑧-C-1

Nearby. Arche Scaligere
아르케 스카리제리
13-14세기 당시 베로나를 통치한 스칼라 가문의 무덤. 하늘을 향해 높게 솟은 고딕 스타일의 무덤에서 스칼라 가문의 위상을 느낄 수 있다. 바로 옆에 위치한 산타 마리아 안티카 성당은 따뜻하고 아늑한 느낌이 드는 머물고 싶은 곳이다.

Ⓐ Via Santa Maria Antica, 1, 37121 / 시뇨리 광장에서 도보 1분   Ⓜ Map → ⑧-B-1

h. Ponte Pietra
폰테 피에트라

폰테 피에트라는 1세기 경에 지어진 베로나에서 가장 오래된 다리로, 이 주변으로 시내가 형성되었다. 다리를 자세히 보면 두 가지 종류의 돌로 지어진 것을 발견할 수 있다. 제2차 세계대전 때 이 다리의 상당 부분이 파괴되었는데, 이때 무너져 내린 돌 중 일부를 베로나의 주민들이 보관해 두고 있었다. 1957년 베로나 시에서 이를 모아 복구한 것. 휴일이면 다리 주변으로 한강 둔치처럼 피크닉을 즐기기 위해 베로나 현지인들이 즐겨 찾는다.

Ⓐ 37121 Verona VR / 에르베 광장에서 도보 10분　Ⓜ Map → ⑧-A-1

i. Castel San Pietro
산 피에트로 성 광장

베로나 시내를 휘감으며 가로지르는 아디제강과 이를 부드럽게 감싸고 있는 아름다운 베로나 뷰를 볼 수 있는 언덕 위의 광장. 부드럽게 불어오는 바람과 함께 사랑의 도시 베로나를 여유롭게 느끼기에 너무 좋은 곳이다. 도보로 약 10분 정도의 언덕길을 올라가야 하기 때문에 오르막길에 자신이 없다면 왕복 2유로의 케이블카를 이용해도 좋다.

Ⓐ Piazzale Castel S. Pietro, 1, 37129 Verona / 폰테 피에트라에서 도보 10분
Ⓜ Map → ⑧-A-1

RESTAURANT

Antica Bottega Vino
안티카 보테가 비노

와인과 식도락을 즐기는 여행자라면 반드시 들러야 할 곳. 고서를 방불케하는 150페이지가 넘는 와인 리스트가 입을 쩍 벌어지게 만들고, 톤 다운된 실내는 와이너리에서 식사를 하는 듯한 느낌을 준다.

Ⓐ Via Scudo di Francia, 3, 37121 Verona VR / 에르베 광장에서 도보 3분
Ⓗ 매일 11:00~24:00, 식사 주문 가능 시간12:00~14:20/19:00~23:00
Ⓟ 탈리아텔레 €14　Ⓜ Map → ⑧-B-2

Trattoria Pane e Vino
트라토리아 파네 에 비노

가벼운 음악과 함께 편안하게 식사를 즐길 수 있는 트라토리아. 아마로네 와인을 생산하는 베로나답게 와인으로 요리한 음식이 유명하다. 특히 소고기에 아마로네 와인 소스를 넣고 조린 필레또 디 민조 알 비노 아마로네 Filetto di Manzo al vino Amarone는 꼭 맛보아야 할 별미.

Ⓐ Via Giuseppe Garibaldi, 16/A, 37121 / 에르베 광장에서 도보 5분　Ⓗ 목~월 12:30~14:15/19:30~22:15, 화 12:30~14:15, 수 휴무　Ⓟ 필리에토 디 만조 알 비노 아마로네 €20　Ⓜ Map → ⑧-A-2

Osteria Caffe Monte Baldo
오스테리아 카페 몬테 발도

현지인들이 즐겨 찾는 활기찬 아페르티보 바이자 레스토랑. 베로나에서는 로컬 화이트 와인인 '소아베'를 아페르티보로 즐겨보자. 풍부한 과일 향과 부드러움으로 이탈리아에서 세계적으로 활발하게 수출 되고 있는 와인 중 하나. 와인과 함께 입맛을 돋우어 줄 특제 치케티도 빠트릴 수 없다.

Ⓐ Via Rosa, 12, 37121 / 에르베 광장에서 도보 3분
Ⓗ 월~목 10:00~23:00, 금 10:00~24:00, 토 11:00~24:00, 일 11:00~23:00
Ⓟ 소아베 클라시코 €3.5　Ⓜ Map → ⑧-B-2

Plus. Vino Vino!

베로나는 최상급 와인 아마로네와 부드럽고 향긋한 화이트 와인 소아베가 생산되는 지역. 베로나에 왔다면 와인 향기에 취해보자. 아마로네는 포도를 한 번 말려서 만든 와인. 15도 정도로 알코올 도수가 가장 높은 레드 와인에 속한다. 우리나라에서는 꽤 값비싼 와인인데, 베로나에서는 잔으로도 판매하니 와인을 좋아한다면 놓치지 말자. (와인 참조 p.080)

Treviso
Keyword
티라미수, 산책, 아페르티보

2 TREVISO
트레비소에서 즐기는 식도락 여행

식도락가라면 놓쳐서는 안될 베네치아 근교 도시 트레비소. 달콤한 디저트 티라미수가 처음 생긴 곳이기도 하고 이탈리아 최고의 스파클링 와인인 프로세코 산지 발도비아데네도 가까이 있어 프로세코 와인을 즐기기에 이만한 도시가 없다. 유명한 피자 프렌차이즈 '다 피노Da Pino' 본점의 맛있는 전통 피자도 우리를 유혹한다! 식도락 여행을 즐긴 후엔, 도시를 감싸 안으며 흐르는 아름다운 강변을 따라 여유롭게 산책까지. '리틀 베네치아'라는 수식어보다 트레비소 스스로 뿜어내는 매력에 반하게 될 것.

가는 방법
베네치아 산타 루치아 역에서 트레비소 센트랄레 역까지는 기차로 20~30분 정도 소요된다. 요금은 3.85유로. 약 20분에 한 대씩 자주 운행되며, Regional(지역 열차)로 지정 좌석이 아니다. 기차역에서 내려 트레비소 센터까지는 도보로 약 10분 밖에 걸리지 않는데다 대부분의 볼거리도 센터에 모여있어 기차를 이용한다면 하루 일정으로 여행이 가능하다.

Plus. 패션, 디자인 산업의 중심
트레비소는 이탈리아를 대표하는 브랜드인 시슬리, 베네통, 그리고 드롱기 등이 탄생한 강소 도시다. 디자인 산업에 종사하는 사람들이 많아서인지 거리에는 개성 있는 패셔니스타들이 가득해 카페 야외 테라스에 앉아 사람 구경하는 재미가 쏠쏠하다. 이탈리아 내에서도 소득이 높은 도시로 순위에 꼽히는 트레비소. 도시에서 뿜어져 나오는 활기참과 생동감이 가득하다.

a. Piazza dei Signori
시뇨리 광장

트레비소의 중심 시뇨리 광장. 여행자들에게는 트레비소 여행이 시작되는 곳이다. 아이들이 비눗방울 놀이를 하고, 연인들은 사랑 넘치는 데이트를 즐긴다. 멋지게 차려 입고 강아지와 함께 산책하는 사람들을 보고 있노라면 풍요로운 이탈리아 도시의 여유로움을 한껏 즐길 수 있다. 광장에서 빙글빙글 돌아가는 회전목마는 어른의 마음을 훔쳐 한번쯤 타보고 싶게 만든다.

Ⓐ Piazza dei Signori, 10, 31100 / 트레비소 센트랄레 역에서 도보 12분
Ⓜ Map → ⑨-A-3

b. Le Beccherie
레 베케리에

커피와 달콤한 치즈의 조화가 환상적인 티라미수의 고향인 트레비소. 그 티라미수가 탄생한 곳이 바로 이 레스토랑이다. 우리나라에서도 '원조'를 내걸기 위한 노력이 치열하지 않은가. 그 만큼 전통이 만들어내는 아우라가 식객을 유혹하기 때문일 것이다. 레 베케리에의 티라미수도 마찬가지. '최초', '처음'이라는 의미 하나만으로도 맛볼 가치가 있다. 2019년에는 티라미수 박물관을 오픈 할 예정이라고. 2층은 부티크 디자인 콘셉트의 레스토랑으로 트레비소 운하를 조망하며 식사할 수 있는 멋진 공간도 있다.

Ⓐ Piazza Ancilotto, 9, 31100 Treviso TV / 시뇨리 광장에서 도보 2분
Ⓗ 수~월 11:00~15:00/18:00~24:00, 화 휴무 Ⓟ 티라미수 €7 Ⓜ Map → ⑨-A-3

Plus. '나를 행복하게 해주세요', 티라미수
티라미수는 '나를 끌어올려 주세요', '나를 행복하게 해주세요'라는 이탈리아어다. 에스프레소와 달콤한 치즈의 환상적인 조화로 기분을 UP! UP! 시켜주니 참 잘 어울리는 훌륭한 이름이다. 사실 티라미수는 제과점에서 팔고 남은 쿠키와 치즈를 처리하기 위해 '어쩌다 만들어 본' 디저트에서 생겨났다. 쿠키에 에스프레소를 적시고 부드러운 크림 질감의 마스카포네 치즈를 겹겹이 얹어 만든 것. 이후 트레비소 레스토랑 레 베케리에Le Beccherie에서 이 케이크를 크리스마스 디너 특별 디저트로 응용해 선보였다 큰 인기를 끌어 디저트 정식 메뉴로 유명해지게 되었다.

c. Da Pino
다 피노

시뇨리 광장 중앙에 자리 잡은 피자리아 다 피노. 1972년부터 쌓아온 노하우로 라이트하면서도 풍부한 맛의 피자를 만든다. 쫄깃쫄깃하면서도 부드러운 도우에 이탈리아 전역에서 공수한 최상급의 신선한 토핑까지. 피자를 좋아한다면 이 조화를 진심으로 반드시 맛봐야 한다. 이곳에서 큰 성공을 거두며 이탈리아에서는 찾아보기 힘든 프랜차이즈 기업으로 승승 장구 중이다.

Ⓐ Piazza dei Signori, 23, 31100/ 시뇨리 광장 / 트레비소 센트랄레 역에서 도보 12분
Ⓗ 월~금 12:00~15:00/18:30~11:30, 토/일 12:00~24:00
Ⓟ 다피노 피자 €9.5　Ⓜ Map → ⑨-A-3

f. Tonogarage
토노가라지

손 때 묻은 타자기, 액자 안의 오랜 그림에서 보았을 법한 빈티지 베스파, 멋지게 빛이 바랜 식기까지 시간 가는 줄 모르고 보물찾기 하듯 들여다보게 되는 빈티지 숍. 보통의 빈티지 마켓들은 장이 서는 날을 맞춰야 하기 때문에 여행자에게는 그림의 떡이다. 그런 수고를 들이지 않더라도 이곳에서는 언제나 눈이 호강하는 앤티크 쇼핑을 즐길 수 있다.

Ⓐ Riviera Santa Margherita 32, 31100 / 시뇨리 광장에서 도보 5분
Ⓗ 매일 10:30~12:30/14:30~18:30, 토 오후 휴무　Ⓜ Map → ⑨-A-4

d. Hosteria dai Naneti
오스테리아 다이 나네띠

한 잔이 두 잔이 되고, 세 잔이 되는 술이 술을 부르는 마력을 가진 선술집 같은 곳. 이탈리아 할아버지의 와인 보물창고에 온 듯 앤티크한 공간에 패셔니스타들과 젠틀한 노신사들이 뒤섞여 즐기고 있다. 살라미와 포르게타, 치즈 플레이트와 함께 와인을 맛보자. 식당 안은 언제나 꽉 찬 사람으로 발 디딜 틈이 없으니 눈치껏 주문할 것.

Ⓐ Vicolo Broli, 2, 31100 / 시뇨리 광장에서 도보 2분
Ⓗ 월~토 09:00~14:30 (토 ~14:00)/17:30~21:00, 일 11:00~14:00/17:00~20:00
Ⓟ 프로세코 €2.5　Ⓜ Map → ⑨-A-3

g. Isola della Pescheria
이솔라 델라 페쉐리아

아름다운 살레강에 떠있는 이 섬은 피쉬 마켓이다. 과거 도시 한가운데 있던 생선 시장에서 나는 냄새를 해결하기 위해 시내에서 조금 떨어진 이 강을 매립해 마켓을 만들었다. 이곳은 이제 시장을 넘어 다양한 페스티벌이 벌어지는 핫플레이스로 변모 중! 주말에는 종종 다양한 생선 요리와 살라미에 프로세코를 마실 수 있는 페스티벌이 열린다.

Ⓐ Vicolo Spineda, 12, 31100 / 시뇨리 광장에서 도보 5분
Ⓜ Map → ⑨-B-3

e. Fermi
페르미

이탈리아 요리에 관심이 많다면 필수 코스. 19세기 때부터 3대째 수많은 소스들과 파테, 엔초비 등을 직접 만들어 판매하고 있다. 베네치아의 유명 호텔에 공급하는 바깔라(대구 요리)는 일품! 주인장이 직접 책임지고 만드는 티라미수는 베네토 지방의 중요한 행사 때마다 케이터링 요청이 끊이지 않는다고 한다. 올리브 오일, 발사믹 와인 등 이탈리아 전역에서 공수한 고급 식재료는 물론 이란산 샤프란 등 세계 각지의 유명 식재료도 찾아볼 수 있다. 대부분 밀봉되어 있어 한국으로 가져가기에도 좋다.

Ⓐ Via S. Parisio, 15/17, 31100 / 시뇨리 광장에서 5분
Ⓗ 매일 09:00~19:30　Ⓟ 엔초비 €4.8　Ⓜ Map → ⑨-B-3

h. Fontana delle Tette
폰타나 델레 테떼

1559년 트레비소에 오랜 가뭄이 끝난 것을 기념하는 의미로 만들어진 '가슴의 샘' 분수. 베네치아 공화국 시절 총독이 선출된 날을 기념하기 위해 이 분수에서는 1년에 3일씩 물 대신 와인이 나왔다고! 안타깝게 지금은 와인이 나오지 않지만, 이 물을 마시면 행운이 온다는 전설이 내려져 오니 물 한잔은 필수.

Ⓐ Vicolo Podestà, 11, 31100 / 시뇨리 광장에서 도보 1분
Ⓜ Map → ⑨-A-3

Valdobbiadene
Keyword
와인, 자연, 맛집

3 VALDOBBIADENE
최고급 프로세코와 함께, 발도비아데네

가는 방법
대중교통을 이용해 와이너리를 돌아다니기는 쉽지 않다. 베네치아에서 하루 혹은 이틀 정도 차 렌트해서 여행하는 것을 추천한다. 베네치아에서 차를 빌릴 수 있는 곳은 로마 광장, 메스트레 역, 마르코 폴로 공항이다. 렌트카 가격 비교 사이트에서 체크하고 예약할 수 있다. 렌트 가격은 일찍 예약할수록 저렴하다.

Plus.
와이너리를 방문할 예정이라면 공식 웹사이트 (www.valdobbiadene.com)에서 취향에 맞는 곳을 검색해 예약한 후 방문하는 것을 추천한다. 수확 시기 등으로 와이너리가 바쁜 시기에는 테이스팅을 진행하지 않는 경우도 있어 무작정 찾아갔다는 낭패를 볼 수 있기 때문이다.

프로세코를 마음껏 그리고 또 마음껏 맛볼 수 있는 스파클링 와인 러버들의 성지 발도비아데네 여행.
이곳을 여행하는 방법은 먼저 수많은 와인 테이스팅을 위해 위장을 튼튼하게 만들어 두는 것. 그리고 찜해둔 와이너리들을 찾아가 수없이 테이스팅을 하고, 와인을 직접 만드는 사람들과 이야기를 나누어 보는 것이다. 와이너리가 펼쳐진 발도비아데네에서 맛있는 음식과 함께하는 와인 한 잔은 잊지 못할 추억이 될 것.

a. Osteria Senza Oste
오스테리아 센자 오스테

'주인 없는 식당'이라는 뜻의 오스테리아. 와인 피크닉에 필요한 모든 것(?)을 셀프 구매할 수 있는 재미있는 곳. 가게 안 테이블 위의 살라미, 치즈, 빵 등을 집어 셀프로 계산하고 와인은 와이너리 중간에 있는 '와인 자판기'에서 구매한다. 시원하게 칠링되어 있으니 '펑' 하고 오픈해서 마시기만 하면 된다. 와이너리에서 하는 피크닉이란!

Ⓐ Str. delle Treziese, 31049 Ⓗ 매일 08:00~18:00 Map → ⑩-C-4

b. Agriturismo Vedova
어그리투어리즈모 베도바

발도비아데네 근처에 살고 있는 필자가 애정하는 단골 집 중 하나. 요리에 쓰이는 모든 재료를 이곳에서 직접 생산하는 어그리투어리즈모. 베도바에서 반드시 맛봐야 할 것은 고기를 꼬챙이에 끼워 불에 돌려가며 약 4~5시간 동안 천천히 굽는 전통 요리 스피에도. 천천히 익은 고기에서만 나올 수 있는 부드러움과, 여기에 더해진 불 향이 그만이다. 고기가 구워지기 시작하면 마을 전체에 향이 퍼져 마을 사람들 모두를 유혹하는 곳.

Ⓐ Via Pianari, 2/B, 31049 Valdobbiadene TV
Ⓗ 레스토랑 금~일/공휴일 오픈, 와인 테이스팅 수~토 Ⓣ 338-870-8880 (수~일 통화 가능)
Ⓟ 와인 테이스팅 : 와인 3잔 + 살라미 €10/1인(수~토 예약 필수) Ⓜ Map → ⑩-C-4

Plus. 까르티제 힐 피크닉
오스테리아 센자 오스테에서 피크닉을 위한 즐길 거리를 샀다면 바로 옆 카뜨리제 힐로 올라가보자. 이 곳은 1헥타르당 40억 원 정도라고 평가되는 발도비아데네에서도 노른자 땅. 까뜨리제 힐에서 생산되는 와인은 '꼬넬리아노 발도비아데네 까뜨리제'라는 이름으로, 프로세코 중에서도 최고가에 판매된다. 곳곳에 놓인 테이블에서 와이너리를 바라보며 한잔해도 좋고, 돗자리를 깔고 햇살을 베게 삼아 나른하게 낮잠을 한숨 자도 좋다. 포도나무들이 가득한 와이너리에서 햇살과 함께 마시는 프로세코. 이보다 낭만적인 피크닉이 있을까.

c. Garbara
가르바라

세계적으로 프로세코의 인기가 높아지면서 여러 와이너리가 대중적인 입맛에 맞춘 프로세코를 생산하고 있다. 하지만 가르바라 Garbara 와이너리는 '유일한, 그리고 조금씩'이라는 철학으로 4대째 적은 양의 최상급 프로세코 생산만을 꾸준히 유지하고 있는 곳. 마트에서는 판매하지 않고 레스토랑과 와인 숍에만 직접 거래하는 자존심 높은 와이너리. 와인 테이스팅 비용은 7유로인데, 과외를 하듯 깊은 설명과 함께 테이스팅을 할 수 있다. 운이 좋다면 와인 메이커에게 직접 스토리를 들을 수도 있다. 대형 와이너리의 번쩍번쩍한 테이스팅 룸은 아니지만, 와인 생산자가 직접 들려주는 와인 이야기는 이와 비교할 수 없는 가치를 안겨준다. 가르바라는 와이너리를 설립한 오너의 별명.

Ⓐ Via Menegazzi, 19, 31049 S. Stefano TV   Ⓗ 금~일 09:00~12:00/14:30~18:00, 월~목 휴무   Ⓟ 테이스팅 €7 /1인   Ⓜ Map → ⑩-C-4

d. Bisol
비솔

프로세코 수준을 눈에 띄게 향상 시킨, 현재의 프로세코의 표준과 기준을 만들어 낸 전통 있고 유서 깊은 와이너리 비솔. 정기적으로 와인 테이스팅을 진행하고 있다. 예약은 비솔 웹사이트(www.bisol.it/cn/)에서 가능하다.

Ⓐ Via Follo, 33, 31049 Santo Stefano   Ⓗ 매일 09:00~12:30/14:00~19:00   Ⓜ Map → ⑩-C-4

e. Pizzaria da Ezio
피자리아 다 에찌오

이런 시골 마을까지 찾아가서 피자를 먹어야 하냐고 묻는다면, "물론!"이라고 망설이지 않고 대답할 수 있다. 이 조그마한 피자리아가 이탈리아의 미슐랭 가이드라고 할 수 있는 감베로 로소에 이름을 올리고 무수히 많은 상을 받았다. 약 50개가 넘는 기본 피자에 제철 피자 메뉴까지. 그리고 각 피자에 어울릴만한 다양한 맥주와 와인 추천까지 곁들였다. 로컬 재료만을 사용하고, 슬로푸드 마크까지 획득할 정도로 천천히 정성껏 만든다. 도우는 크런치하지만 씹는 순간 부드럽게 녹고, 토핑은 가볍지만 풍부한 맛이 기대 이상으로 훌륭했다. 맛있는 피맥의 성지 인정!

Ⓐ Piazza Licini, 2, 32031, Alano di Piave BL   Ⓟ 돌체 트레비소 €11.8   Ⓜ Map → ⑩-C-4

NEARBY VALDOBBIADENE

발도비아데네 인근에 있는, 놓치면 몹시 아쉬운 스폿들. 멀지 않은 곳에 있으니 함께 들러보자.

Castel Brando 카스텔 브란도

케이블카를 타고 산 중턱까지 올라가야 만날 수 있는 비밀스러운 성. 무려 2,000년이 넘는 이탈리아에서도 가장 오래된 성 중의 하나이다. 지금은 호텔과 레스토랑으로 탈바꿈 했는데, 이탈리아 100대 호텔에도 선정되었다. 호텔 내 레스토랑의 피자가 무척 맛있다.

Ⓐ Via B. Brandolini, 29 31030, Cison di Valmarino   Ⓗ Donatello Bar 월~토 16:00~24:00, 일 15:00~24:00 / SPA 매일 10:00~21:00(10:00/13:00/16:00/18:30 등 4타임으로 나누어 입장), 평일 기준 22유로부터 / Pizzaria La Fucina 월/화 19:00~22:30, 수~일 12:00~14:30/19:00~22:30   Ⓜ Map → ⑩-C-3

Lago di Santa Croce
산타 크로체 호수

에메랄드 빛의 호수. 호수를 둘러싼 산책로를 따라 한 바퀴 걷거나, 호수 앞에서 피크닉을 즐겨보자. 산타 크로체 호수의 바람은 카이트 서핑을 하기에 최적. 주말이면 카이트 서퍼들이 펼쳐 든 색색의 캐노피와 에메랄드 빛 호수가 만나 장관을 이룬다.

Ⓐ 32016 Farra d'Alpago   Ⓜ Map → ⑩-B-3

Snack Bar la Vela
라 베라 스낵 바

산타 크로체 호수에서 가까운 이 카페에서 바라보는 호수의 전망은 돌로미테 호수가 부럽지 않을 만큼 멋지다! 스프리츠 한 잔과 함께, 바람에 음악에 몸과 마음을 맡겨보자. 겨울 시즌에는 운영하지 않는다. 늦가을부터 겨울에 여행한다면 확인 후 방문할 것.

Ⓐ Via Poiatte, 19, 32016 Farra D'Alpago, Alpago BL   Ⓗ 매일 09:00~01:00   Ⓟ 스프리츠 €3.5   Ⓜ Map → ⑩-B-3

Ca 'Piadera 카 피아데라

순전히 개인적인 취향으로 가장 좋아하는 프로세코인 카 피아데라. 와이너리가 한눈에 보이는 정원에서 맛있는 한끼 식사와 프로세코를 즐기면 세상 근심이 없어지는 아름다운 곳.

Ⓐ Via Piadera, 6, 31020 Nogarolo di Tarzo TV   Ⓟ 파스타 €12   Ⓜ Map → ⑩-C-3

PLAN YOUR TRIP : TRAVELER'S NOTE

Traveler's Note

> 1,500년이 넘는 기간 동안 바다 위에서 터전을 일구며 살아온 베네치아인들.
> 이들이 만들어낸 베네치아는 눈으로 보고도 믿기 어려울 정도다.
> 숫자로 가볍게 만나 보는 베네치아의 진실.

1~2mm

베네치아는 지반 침하와 해수면 상승 등의 이유로 1년에 1~2mm씩 가라앉고 있다. 해수면도 지난 100년간 24cm나 상승했는데, 100년 후에는 베네치아 전체가 바다에 가라앉을 것이라는 전망도 있다. 해결책을 찾고 있으나, 녹록지 않은 실정.

120 islands

베네치아 착륙 전 본 섬 주변 아드리아해에 흩어진 섬들의 모습을 바라보자. 얼룩 무늬를 그려놓은 것처럼 흩어져 있는 섬들의 수는 약 120개. 본 섬부터 사람이 거주하지 않는 새들의 섬까지, 크고 작은 섬들이 바다와 석호 주변에 흩어져 있다.

180 canals

바다 위에 지어진 도시 베네치아의 골목과 건물들 사이에는 바닷물이 흐르는 운하가 있다. 3.8km의 가장 긴 대운하부터 다양한 소운하까지 그 수는 총 180개로 크고 작은 운하들의 물이 자연 상태 그대로 흐를 수 있도록 심혈을 다해 물길을 다스려왔다.

5m

베네치아를 여행하다 보면 너무나 자연스럽게 물과 친숙해지는데, '운하에 빠지면 어떻게 될까?'라는 두려움과 궁금증이 생기기도 한다. 대운하의 평균 수심은 약 5m, 소운하는 약 2~3m 정도다. 과거 다리에는 난간이 없어 익사자가 발생하는 일도 빈번했다고.

+400 bridges

베네치아의 150여 개 운하를 잇는 다리의 수는 총 400여 개. 그중 4개의 다리가 대운하를 지난다. 가장 먼저 건설된 리알토 다리와 아름다운 뷰로 유명한 아카데미아 다리, 산타 루치아 역 맞은편의 스칼치 다리, 그리고 가장 최근에 건설된 콘스티투지오네 다리가 있다.

450 gondolas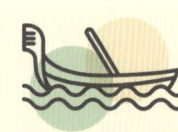

베네치아의 곤돌라는 약 450척, 곤돌리에는 430여 명으로 정해져 있다. 곤돌라 학교를 졸업해야만 곤돌리에로 활동할 수 있지만, 아직까지 대부분 가족 경영으로 운영되고 있다. 출발과 도착 지점이 같기 때문에 교통 수단이 아닌 관광용으로 사용되고 있다.

50,000 people

베네치아의 인구보다 많은 하루 약 5만 명의 여행자들이 방문하다 보니 물가가 상승, 주민들이 하나 둘씩 떠나고 있다. 베네치아는 관광객과 현지인의 아름다운 공생을 꿈꾸며 'Respect Venezia 프로젝트'를 펼치고 있다.

6 zones

행정 처리를 동네마다 달리해오던 베네치아는 12세기 이후 지금의 6개 행정구역으로 나뉘어졌다. 각 지구별로 카나레지오 6,400, 카스텔로 6,900, 도르소두로 4,000, 산 마르코 5,660, 산 폴로 3,140, 산타 크로체 2,360여 가구가 거주하고 있다.

8 hours

한국과 이탈리아의 시차는 8시간. 다만 대부분의 유럽 국가에서 실시하는 서머타임(4~10월) 기간에는 7시간이다. 겨울철에는 5시 정도면 어두워지지만, 여름철에는 저녁 8~9시 정도까지 날이 밝아 늦게까지 여행을 즐길 수 있다.

PLAN YOUR TRIP : CHECK LIST

Check List

> 베네치아 여행을 한 뼘 더 여유롭고 든든하게 만들어 줄 팁 Top9.

Ciao!

'안녕하세요', '안녕히 계세요' 등 '안녕'이라고 인사를 할 수 있는 상황에서 두루두루 요긴하게 쓰인다. 이곳 사람들은 서로 눈이 마주치면 모르는 사이일지라도 가볍게 "차오"라고 인사 한다. 거리에서 눈이 마주치거나, 상점을 오갈 때, "차오!"라고 인사해보자. 부드러운 미소와 함께라면 금상첨화!

Transportation

로마 광장 이후부터는 본 섬 안으로 자동차가 들어갈 수 없다. 이후 베네치아 내 모든 교통수단은 보트. 수상버스는 24시간 기준 무제한 탑승 가능한 카드들이 20유로부터 있다. 1회 이용권은 7.5유로로 비싼 편이니 스케줄에 맞게 티켓을 구매하자.

Break Time

대부분의 상점은 점심시간인 12시에서 오후 3시 사이 문을 닫고, 오후 7시 정도까지만 영업을 한다. 레스토랑의 경우 점심 식사 이후 오후 3시30분부터 저녁 7시까지는 저녁을 준비하는 브레이크 타임이니 헛걸음 하지 않도록 영업 시간을 체크하고 방문하는 것이 좋다.

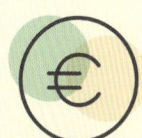

Cash

이탈리아에서는 소액을 결재해야 하는 경우 카드 사용이 어렵다. 특히 바와 카페, 젤라또 가게 등에서는 대부분 현금만 받는다고 생각해도 좋다. 일반 상점에서는 약 20유로가 넘을 경우부터 카드를 사용하는 편. 작은 상점에서는 거스름 돈이 없는 경우가 있으니 환전 시 100유로 미만의 단위로 준비하자.

ATM

베네치아는 시내 곳곳에 ATM 기기가 있다. 수수료는 5유로로 정도. 시내 환전소에서 환전할 경우 환전 금액의 20%를 수수료로 징수하는 경우도 있으니 가능하면 ATM 기기에서 환전하는 것이 좋다. 불가피하게 환전소를 이용해야 한다면 환전에 앞서 환율과 수수료를 반드시 체크하자.

Pickpocket

베네치아는 남부 이탈리아와 비교했을 때 비교적 치안이 안전한 편이지만, 혼잡한 수상버스 정류장에서 버스를 기다릴 때와 사람이 많이 다니는 골목길에서는 소매치기를 조심하자. 백팩을 맨다면 자물쇠를 채우는 것을 생활화하고, 크로스백은 손이 닿을 수 있게 앞으로 둘 것.

Per Favore

높임말이 잘 발달되지 않은 이탈리아지만 공손하고 듣기 좋은 표현은 있다. 부탁하는 말 뒤에 영어의 'Please플리즈'와 비슷한 의미인 'Per Favore뻬르 파포레'를 붙여보자. 이 한 단어로 서로 존중하는 마음을 표현할 수 있다.

No Swimming

베네치아 본 섬 내 수영은 철저하게 금지되어 있다. 물론 다리에서 다이빙도 금지. 간혹 리알토 다리에서 다이빙을 하는 여행자들의 행동이 신문에 대서특필 되곤 한다. 여행을 하는 중이라면 그 나라의 법도 존중해 줄 줄 알아야 한다. 센스 있고 멋진 여행을 하자.

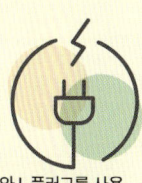

Plug

이탈리아는 한국과는 다른 C와 L 플러그를 사용한다. 호텔이나 기차에서도 멀티 전원 플러그가 설치되어 있지 않은 곳이 있으니, 멀티 어댑터는 필수로 챙기자.

PLAN YOUR TRIP : GESTURE

Gesture

> 이탈리아 제2의 공용어가 '제스처'란 말이 있다. 만나서 이야기할 때는 물론 전화를 할 때, 심지어 운전 중에도 제스처를 더해 열정적으로 감정을 표현하는 이탈리아 사람들. 가장 많이 쓰이는 제스처 Top9를 소개한다. 여행 중 시도해보자. 이탈리아인에게 직접 배우는 제스처 클래스!

"맛있어요"

귀엽게 '맛있어요'라고 할 때 쓴다.
'나 예뻐?'하는 것처럼 검지를 볼에 대고 돌린다.

"와, 정말 맛있다!"

뽀뽀 할 때처럼 손가락을 입술에 대고 오므렸다 펼친다. 레스토랑에서 웨이터에게 제스처와 함께 'Buono부오노!'를 외쳐 보자. 웨이터가 함박 웃음을 터트리며 행복해 할 것.

"최고다! 완벽해!"

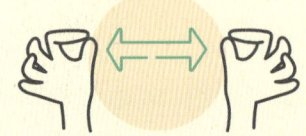

엄지와 검지를 가슴 아래에서 모았다가 좌우로 펼쳐준다. 휘파람을 불 듯 '휘익 휘익' 소리까지 내 주면 완벽. 서비스나 물건이 최고일 때, 식사가 맛있을 때도 쓰인다.

"눈치 빠른데?"

검지를 눈 아래에 대고 살짝 내려준다. 눈치 빠르게 행동해 상황을 '스윽' 넘어갔을 때 주로 쓰인다. '앞을 잘 봐! 조심해'라는 표현으로도 사용한다.

"에이 됐어"

상대방이 고마워 할 때, '에이 별거 아니야! 됐어. 뭘 이런 것 가지고'라는 말과 함께 사용할 수 있는 제스처.

"신경 안 써"

손을 턱 아래에 대고 몇 번 쓸어준다.
'내 일 아니야. 알아서 하라고 해' 같은 표현.

"가자!"

'자 이제 가볼까?! Let's go!'라고 하거나, 잡상인이 다가왔을 때 일행에게 속삭이듯 '가자', 혹은 '이 상황에서 벗어나자'라고 할 때도 쓰인다.

"말도 안되는 소리 하지마"

이탈리아 축구 선수들이 가장 많이 쓰는 제스처 중 하나. 손가락을 가슴 앞으로 모으고 흔든다. '말도 안되는 소리 하지마', '뭐 하는 거야?'라는 의미. 이탈리아에서 운전을 한다면 많이 보게 될 것.

"Are you crazy?"

두 번째 손가락을 이마에 대고 2~3번 툭툭 치면 'Are your crazy?'라는 의미. 이마를 손가락에 대고 흥미로운 표정을 지으면 '나 아이디어 있어!'라는 뜻으로도 쓴다.

PLAN YOUR TRIP : FESTIVAL

Festival

> 가면 축제 카니발과 세계 최초의 영화제인 베니스 영화제, 그리고 현대 미술인이 집중하는 비엔날레까지.
> 세계 최고라는 타이틀이 전혀 어색하지 않는 축제와 문화 이벤트들이 1년 내내 펼쳐진다.
> 베네치아를 들었다 놨다 하는 축제는 당신의 것!

Febrary

Carnevale di Venezia 가면 축제 '카니발'
매년 2월 중 열리는 베네치아 카니발은 세계 3대 축제 중 하나로 꼽힌다. 카니발 기간에는 화려한 드레스에 마스크까지 차려 입은 사람들로 산 마르코 광장이 가득하고, 공식 퍼레이드와 공연 등 볼거리 또한 넘쳐난다. 카니발 기간 중 베네치아 여행을 계획한다면 재미있는 가면이나 의상을 준비해 즐겨보자. 베네치아에는 카니발 복장을 대여해주는 곳도 있으니 관심이 있다면 체크하자. (p.036)

May

Festa della Sensa 페스타 델라 센자
12세기부터 열린 베네치아에서 가장 중요한 축제이자 의식인 베네치아와 바다의 결혼식. 도제를 태운 화려한 전용 갤리선이 앞에 서고, 그 뒤 100개의 배가 노를 저으며 산 마르코 광장부터 리도의 산 니콜로San Nicolò까지 향한다. 도착하면 도제는 바다에 반지를 떨어트리며 "바다여, 나는 너와 결혼한다. 영원히 내것이어라!"라고 외쳤다. 바다와의 결혼이라.. 베네치아인들이 얼마나 바다를 소중하게 생각했는지 알 수 있는 대목.

June

Art Night Venezia 베네치아의 밤
문화와 예술을 좋아하는 여행자라면 눈물 흘려도 좋을 축제. 매년 6월이 되면 두칼레 궁전을 비롯한 베네시아의 박물관들이 새벽 1시까지 문을 열고, 많은 극장들과 길거리에서도 다양한 공연이 펼쳐진다. 베네치아 저녁의 우아함을 한껏 느끼며 즐길 수 있는 축제.

Biennale di Venezia 베네치아 비엔날레
세계 최대의 현대미술 행사이자 가장 오래된 비엔날레인 베네치아 비엔날레. 비엔날레는 '격년 행사'라는 뜻으로, 홀수 해 6월 초부터 11월 말 비엔날레 시즌이 되면 각국의 예술가와 큐레이터 등 현대 미술 관계자들이 베네치아로 몰려든다. 비엔날레 자르데니에서 진행되는 주 전시뿐 아니라 베네치아 곳곳에서 특별 전시회가 열려 볼거리가 한층 풍부해지는 기간.

July

Festa del Redentore 레덴토레
매년 7월 셋째 주 토/일요일에 개최되는 축제로 16세기 중반 유럽에 창궐한 흑사병으로부터 신이 베네치아를 지켜준 것에 대한 감사의 표시로 시작되었다. 축제의 하이라이트는 산 마르코 광장에서 펼쳐지는 세계 3대 불꽃 놀이로 아름다운 운하의 밤하늘을 가득 꽃피우는 불꽃들은 그야말로 낭만적이다. 보트를 타고 나가 대운하 위에서도 즐길 수 있다. 베네치아 사람들이 이틀간 마시고 즐기는 여름철 가장 핫한 축제.

September

Venice International Film Festival 베니스 영화제
산 마르코 광장에서 보트로 약 10분 정도 떨어진 리도섬에서 매년 8월 말~9월 초에 개최되는 영화제. 매년 축제 기간에는 영화배우와 감독 등 유명 셀럽들이 참석해 베네치아를 후끈 달아오르게 한다. 베니스 영화제는 세계에서 가장 오래된 영화제로 초기에는 예술영화에 집중하다 최근에는 상업영화로까지 장르를 넓혀가고 있다.

November

Regatta Storica 레가타 스토리카
매년 11월 첫째 주 일요일에 레가타 날이 되면 베네치아 운하가 화려하게 장식한 수많은 배들로 가득 찬다. 16세기에 사용되었던 화려한 무동력 배를 재현하고, 베네치아 전통 복장을 한 사공들이 힘차게 노를 저으며 운하를 행진한다. 무동력 보트 경주 대회도 열리는데, 이탈리아 전역에 생중계 될 정도로 유명하다. 축제 기간 동안 대운하를 운행하는 대부분의 수상버스 운행이 일시적으로 중단되거나 루트가 변동되니 참고하자.

La Salute 살루테 축제
매년 11월 21일, 산 마르코 광장 근처에서부터 산타 마리아 델 살루테 성당 인근까지 임시 다리가 놓아 지며 살루테 축제가 시작된다. 16~17세기 베네치아를 암흑으로 뒤덮었던 흑사병이 물러간 것을 기념하며 성모 마리아에게 바치는 산타 마리아 델 살루테 성당을 지었다. 이를 기념하기 위해 매년 11월 21일 도제가 산타 마리아 델 살루테 성당에서 감사의 기도를 올리던 것이 지금의 살루테 축제의 기원. (p.043)

PLAN YOUR TRIP : SEASON CALENDER

Season Calendar

> 사계절이 뚜렷한 베네치아는 대체적으로 우리나라 날씨와 비슷하다.
> 다만, 일교차가 심한 계절에 여행한다면 일기예보를 자주 체크하고 그에 맞는 옷가지를 준비하자.

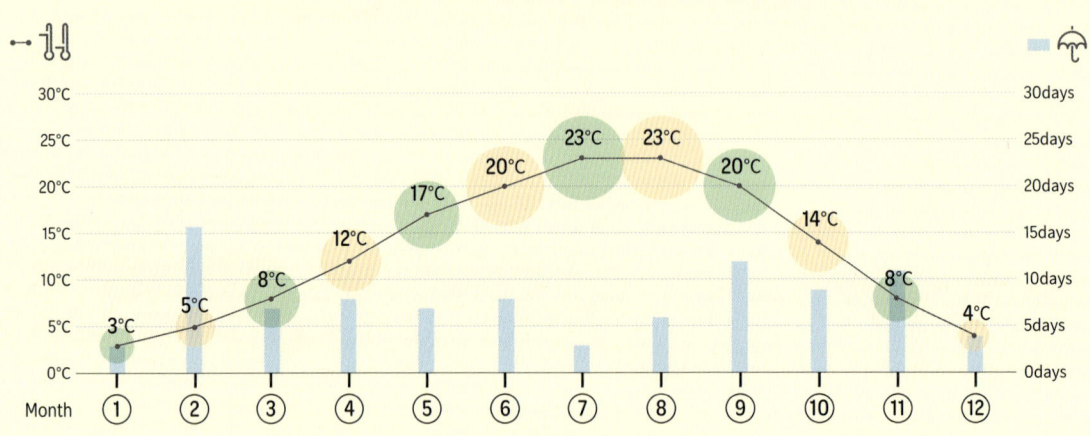

하의 실종 패션
이탈리아는 상의를 드러내는 것보다 하의 실종 패션에 조금 더 민감하다. 문화적인 측면을 고려해서 스타일링을 한다면 원치 않는 눈길은 피하면서 호감도 얻을 수 있다.

여름철 모기
풀과 물이 함께 있는 베네치아 특성상 모기가 많을 수 있다. 특히 마쪼르보, 토르첼로와 같은 섬이라면 더더욱. 모기에 잘 물리는 체질이라면, 모기 기피제를 뿌리고 외출하자.

히든 패션
여행 시에는 편한 옷차림이 최고이지만, 한 번쯤 기분 내고 싶은 순간이 찾아오기 마련이다. 멋진 레스토랑에서 식사를 할 때, 공연을 볼 때 등을 위해 나만의 히든 패션 하나씩은 챙기도록 하자. 낭만 가득한 베네치아를 즐기는데 더없이 유용하다.

겨울철 아쿠아 알타
아쿠아 알타 시 베네치아로 흘러 들어오는 물은 여러 분비물이 바닷물과 섞여 깨끗하지 않다. 외부 일정이 있다면 장화를 추천한다. 몇몇 상점에서 고무나 플라스틱 장화를 판매하고, 투숙객들을 위해 장화를 구비해 두는 숙소도 있으니 확인해보자.

Spring
4~6월

4~6월은 여행하기에 가장 좋은 시기. 운하 옆 담벼락에 피어나는 꽃들과 초록 잎들이 베네치아를 더욱 아름답게 만든다. 하지만 햇빛이 없는 그늘이나 아침 저녁으로는 쌀쌀하니 긴 소매옷과 카디건 등을 챙기자. 상대적으로 관광객이 적은 시기여서 여유롭게 여행하기에도 좋은 계절이다.

Summer
7~8월

7월 말에서 8월 중순까지 최고 온도는 약 30도. 자외선 차단제와 모자, 선글라스를 반드시 챙기자. 고층 빌딩이 없고 이따금 아드리아해에서 불어오는 바람이 더위를 식혀줘, 체감온도는 우리나라보다 낮은 편이다. 오후 2~4시 사이 햇빛이 가장 뜨거우니, 이른 아침이나 저녁 시간을 이용해 여행하는 것도 컨디션을 조절하는 방법.

Autumn
9~11월

9~11월은 봄과 같이 베네치아를 여행하기 가장 좋은 계절. 살랑살랑 불어오는 바람과 아직은 짧지 않은 낮의 길이가 여행하기 딱 좋다. 일교차가 크니 긴 소매 옷과 재킷, 늦가을에는 휴대하기 좋은 얇고 가벼운 패딩 등을 휴대하는 것이 좋다.

Winter
12~3월

12월 중순부터 3월 중순까지는 베네치아의 겨울로 춥고 비도 자주 오는 편이다. 아쿠아 알타 현상도 가장 많이 일어나는 시기. 야외 스케줄이 있다면 최대한 두툼하게 입는 것이 즐거운 여행의 지름길. 특히 12~2월 중에 여행한다면 아래 위 내의는 물론 두터운 외투와 목도리 등으로 몸을 감싸자. 영하로 떨어지는 경우는 드물어 눈은 거의 내리지 않는다.

Acqua Alta

'바다 위의 도시' 베네치아의 유니크한 현상 아쿠아 알타. 아쿠아는 '물', 알타는 '높은'이란 뜻으로 베네치아가 높은 물에 약 60~130cm 정도 잠기는데, 베네치아에 낮은 지대중 하나인 산 마르코 광장에서 자주 발생한다. 주로 11~12월에 아드리아해에서 불어오는 강한 바람과 만조 등이 만날 때 약 3~4시간 정도 지속된다. 이때는 베네치아 곳곳에 간이 인도가 세워지고, 상점과 집들은 바닷물이 안으로 넘치지 않도록 입구에 철문을 하나씩 덧댄다. 길게 지속 되는 편은 아니니, 물이 빠질 때까지 기다린 후 여행하는 것도 좋다. 저녁쯤 아쿠아 알타를 만났다면 카메라를 들고 산 마르코 광장으로 나가보자. 광장을 비추는 조명들이 물에 반사되어 잊지 못할 아름다운 광경을 만들어 낼 것이다.

PLAN YOUR TRIP : TRANSPORTATION

Transportation

> 바다 위 도시 베네치아는 그저 움직이는 것만으로도 특별한 경험을 제공한다.
> 공항에서부터 배를 타고 호텔 앞까지 도착할 수 있는 세상에서 단 하나뿐인 특별한 이 도시.
> 365일 차 없는 도시로 교통수단은 오직 배와 튼튼한 두 다리.
> 특별한 라이프 스타일을 가진 도시 베네치아에서 움직이는 방법.

공항

"인천공항에서 베네치아 마르코 폴로 공항까지는 약 11시간이 소요된다. 아시아나 항공이 주 3회 직항을 운행하고, 경유 편은 알 이탈리아, 루프트 한자, 네덜란드 항공 등이 취항한다."

Aeroporto Marco Polo di Venezia 베네치아 마르코 폴로 공항
베네치아 인근에는 두 개의 공항이 있다. 국제선과 대부분의 항공사가 취항하는 베네치아 마르코 폴로 공항과 저가 항공사인 라이언 에어 항공사가 주로 이용하는 베네치아 트레비소 공항. 우리나라에서 베네치아로 갈 경우 대부분이 마르코 폴로 공항으로 도착한다.

Tip. 입국 심사
한국에서 출발해 쉥겐 지역에 속한 국가를 경유해 베네치아로 갈 경우, 입국 심사를 경유하는 공항에서 받게 된다. 예를 들어 독일 프랑크푸르트를 경유해 베네치아로 도착하는 루프트 한자 항공을 탑승할 경우 프랑크푸르트 공항에서 입국심사를 받는다. 이 경우에는 최소 약 1시간 30분 정도의 경유 시간이 필요하다. 경유 시간이 너무 짧을 경우 급하게 서두르게 되니 체크할 것. 귀국편에서도 동일하게 적용된다.

공항 > 베네치아

"육지에 위치한 마르코 폴로 공항에서 베네치아 본 섬까지 거리는 약 13km."

1. 공항버스
공항에 도착해 공항버스 이정표를 따라 밖으로 나오면 승강장이 나온다. 베네치아 메스트레 Venezia Mestre로 가는 버스와 베네치아 본 섬 피아찰레 로마Piazzale Roma(로마 광장)행으로 정류장이 나뉘어 있다. 버스는 정해진 좌석이 없고, 약 20분 정도 소요된다.

시간
공항 > 로마 광장: 첫 차 04:35, 막차 01:10
로마 광장 > 공항: 첫 차 04:35(일 05:40) 막차 00:40
변동 될 수 있으니 출발 전 웹사이트(actv.avmspa.it/en)를 체크하자.

가격
마르코 폴로 공항 > 베네치아: 편도 €8, 왕복 €15, 만 4세 이하 무료. 로마 광장/메스트레 요금 동일. 온라인(www.veneziaunica.it/en/e-commerce/services)과 ATVO 티켓 부스에서 구매 가능

Tip.
- 베네치아 산타 루치아 역 근처에 숙소가 있다면 수상버스보다 공항버스로 이동하는 것이 더 빠르고 저렴하다.
- 베네치아 메스트레는 본 섬에서 기차로 10분 정도 떨어져 있는 육지. 깔끔한 비즈니스 호텔이 많아 숙박을 위해 머무는 관광객이 많다. 베네치아 본 섬인 베네치아 산타 루치아와 혼동하지 않도록 주의하자.

2. 수상버스

알리라구나 회사가 공항에서부터 베네치아 본 섬까지 수상버스를 운행하고 있다. 수상버스 정류장까지는 공항 내부의 길을 따라 약 10분 정도 소요된다. 오렌지, 블루, 레드 세 가지의 노선을 운행하고 있다. 오렌지 라인 기준 공항에서 산 마르코 광장까지는 약 1시간 15분이 소요된다.

시간
공항 > 베네치아: 첫 배 06:15, 마지막 배 00:30
산 마르코 광장 > 공항: 첫 배 03:50, 마지막 배 22:55
노선 및 스케줄은 웹사이트(www.alilaguna.it/en/lines/line-timetable)를 체크하자.

가격
베네치아 공항 > 베네치아 본 섬: 편도 15유로, 왕복 27유로, 24시간 사용권 €30, 72시간 사용권 € 65. 온라인(www.alilaguna.it/en/tickets1/fares) 예매 시 편도 14유로, 왕복 25유로로 조금 더 저렴하다. 캐리어 한 개와 그 외 가방 한 개까지 무료, 추가 시 개 당 €3 추가.

Tip.
알리라구나는 베네치아 본 섬 내에서 자주 이용하게 되는 수상버스 ATVO와는 다른 회사다. 호환되지 않으니, 티켓 구매 시 참고하자.

PLAN YOUR TRIP : TRANSPORTATION

공항 > 베네치아

3. 수상택시

공항에서 베네치아 본 섬 내 숙소까지 가장 편하고 빠르게 갈 수 있는 수상택시. 가격은 110유로 정도로 저렴하지 않지만, 공항에서 보트를 타고 호텔 입구까지 바로 도착하는 베네치아에서만 할 수 있는 특별한 경험을 만끽해 보는 것도 좋다. 약 25분 정도 소요된다.

Tip.
머무는 숙소가 운하 주변에 위치하지 않고 골목길에 있어 수상택시로 접근할 수 없는 경우, 숙소와 가장 가까운 운하에서 내려 호텔까지 도보로 이동해야 한다.

4. 렌트 차량

베네치아에서는 피아잘레 로마Piazzale Roma(로마 광장) 혹은 트론게토Tronghetto까지만 차량이 들어올 수 있다. 이후에는 인근 대형 건물 주차장에 주차해야 하고 도보 혹은 수상버스, 수상택시로 이동해야 한다. 로마 광장에서 산타 루치아 역까지는 도보로 약 10분 소요.

Garage San Marco 가라지 산 마르코
Ⓐ Piazzale Roma 467/F - 30135 / 로마 광장
Ⓟ € 32/24시간

Venezia Tronchetto Parking 베네치아 트론게토 파킹
Ⓐ Isola Nuova del Tronchetto, 30135 / 트론게토
Ⓟ € 21/24시간

베네치아 섬 내 교통수단

"베네치아 본 섬 내 이동 수단은 도보 혹은 보트. 산타 루치아 역에서 산 마르코 광장까지 빠른 걸음으로 약 40분 만에 도착할 수 있는 의외로 작은 도시이지만, 수상버스를 타며 보는 물 위의 베네치아는 도보로 보는 베네치아와는 또 다른 아름다움을 선사한다."

01 수상버스(바포레토Vaporetto)

a. 티켓 구입
베네치아의 유일한 대중교통 수상버스. 티켓은 산타 루치아 역 출구 앞의 티켓 포인트 혹은 주요

수상버스 정류장에서 구매할 수 있다. 하지만 몇몇 정류장에만 티켓 포인트가 있고 늦은 시간이면 문을 닫는 경우가 있으니, 티켓은 산타 루치아 역 앞에서 미리 구매는 것이 좋다. 티켓은 1일권이 아닌 24시간 이용권. 당일 오전 10시에 첫 탑승을 했다면 다음날 오전 10시까지 24시간 사용이 가능하다. 머무는 시간과 스케줄을 고려해 티켓을 구매하자.

가격: 1회 이용권 €7.5, 24시간 €20, 48시간 €30, 72시간 €40, 168시간 €60.
만 6세 미만의 아동은 무료(바포레토에서 불시에 검표를 할 경우 아동의 신분증을 제시해야 한다).

Tip. 롤링 패스 카드
6~29세 여행자만을 위한, 대중교통과 박물관 입장권 등을 할인 받을 수 있는 카드로 가격은 6유로. 카드를 제시할 경우 3일권 바포레토 카드를 22유로에 구매 할 수 있고, 두칼레 궁전과 구겐하임 박물관 등 입장권도 할인 받을 수 있다.

수상버스 100% 즐기는 방법

수상버스의 끝 부분에는 대부분 야외석이 있다. 날씨가 좋다면 이곳으로 나가보자. 시원한 바람과 함께 운하 도시 베네치아의 매력적인 모습을 온전히 느낄 수 있다.

b. 수상버스 탑승 하기

Step 1. 목적지 확인
수상버스 시스템이 다소 생소하지만 일반 버스를 타는 것과 크게 다르지 않다. 노선 확인 후 해당 정류장으로 가 버스를 탑승하면 된다. 단, 정거장이 많은 주요 정류장과, 양방향으로 이동하는 버스가 정거하는 정류장의 경우는 목적지를 한 번 더 살피도록 하자.

주요 정류장: 산타 루치아 역과 리알토, 산 마르코 등 정차하는 수상버스가 많은 주요 정류장의 경우 버스 노선별로 정류장이 4개 이상이 되는 곳도 있다. 이 경우 탑승 정류장 번호가 크게 적혀 있으니 확인하고 탑승하자. 버스 도착 시간과 플랫폼을 보여주는 전광판이 설치된 곳도 있으니 확인하자.

방향: 몇몇 정류장에서는 양 방향으로 버스가 운행되는 경우가 있다. 방향이 아리송할 경우 수상버스 직원에게 문의하는 것이 가장 정확하다.

시간표: 수상버스는 대부분 정해진 시간에 오기 때문에 미리 정류장 앞에 있는 시간표를 확인해 두면 시간을 아낄 수 있다. 중요한 노선은 대부분 오전 5시부터 오후 11시까지, 10~20분 간격으로 운행된다.

PLAN YOUR TRIP : TRANSPORTATION

Step 2. 개찰구 통과
승차 시 구매한 바포레토 카드를 개찰기에 대면 게이트가 열린다. 카드를 인식시키지 않을 경우 무임승차로 벌금을 물 수 있다. 불가피하게 인식하지 못했다면 탑승 후 보트 내 직원에게 티켓 확인을 부탁하자. 붐비는 정거장의 경우 게이트가 일반인들이 출입할 수 있는 올 '패신저 All Passengers', 그리고 베네치아 시민들만 이용할 수 있는 '프리오리티 베네치아 우니카Priority Venezia unica'로 나뉘어 있다. 티켓을 티켓 리더기에 터치해도 게이트가 열리지 않는다면 개찰구가 Priority Venezia unica 전용인지 확인하자. 수상버스에 익숙해질 때까지는 탑승 전 수상버스 입구를 열어주는 직원에게 목적지로 향하는 버스가 맞는지 재차 확인하고 탑승하는 것이 좋다.

Plus. Priority Venezia unica?
수상버스는 보트이기 때문에 정원이나 무게가 초과되면 탑승할 수 없다. 여행자가 많은 성수기에는 자연히 수상버스의 정원 초과가 잦아지고, 탑승 대기 시간도 길어진다. '프리오리티 베네치아 우니카Priority Venezia unica'는 2016년 생겨난 제도로 베네치아에서 학교를 다니고 출근을 하는, 베네치아 로컬들의 삶을 배려하기 위해 실시하고 있는 제도이다.

Tip. 대기 줄이 길다면 로마 광장 역으로
산타 루치아 역에서 리알토 혹은 산 마르코 광장으로 가기 위해 탑승하는 2번, 혹은 무라노로 향하는 3번 버스를 기다리는 줄이 길다면, 역에서 도보로 약 5~8분 거리에 있는 로마 광장 역으로 가자. 로마 광장은 대부분 버스의 종점이기 때문에 상대적으로 대기 시간이 짧다.

Step 3. 목적지 도착 확인
대부분의 버스에서는 정거장 안내 방송이 나오지 않는다. 각 정류장 대합실에 정류장 이름이 크게 써 있지만, 내리기 전 확인하기가 어려울 수도 있다. 이럴 경우 스마트폰의 지도로 목적지를 확인하며 가는 것을 추천한다. 내리기 전에는 수상버스 직원에게 한 번 더 확인하자.
혹시 버스를 잘못 탔거나, 다른 곳에서 하차했다고 할지라도 걱정하지 말자. 주요한 노선은 저녁 11시 정도까지 운행하고 심야버스인 N버스도 있다. 길을 잃어야 더 멋진 곳이 베네치아다.

Plus. 곤돌라도 교통수단?
과거에는 곤돌라가 베네치아의 교통수단이었지만, 현재는 대부분이 관광용으로만 쓰이고 있어 교통수단으로 보기는 어렵다.

2. 수상택시

보트를 타고 아드리아해를 달리는 짜릿한 느낌은 최고! 수상택시는 이동 수단이 아닌 레저라고 불러도 좋을 듯 하다. 금액은 산타 루치아 역에서 산 마르코 광장까지 약 70유로(대운하를 지날 경우 약 90유로). 기차역 앞, 산 마르코 광장 등 주요한 곳에 택시 정류장이 있지만, 손님을 기다리는 택시는 찾아보기 어렵다. 주로 예약제로 운영되기 때문에 택시를 이용할 여행자라면 사전에 예약하는 것을 추천.

3. 피플 무버
고가도로 위를 달리는 열차. 크루즈를 탑승하기 위한 마리띠나 정류장, 고속버스가 정차하는 트론게토와 로마 광장을 연결한다. 바포레토 티켓과는 호환되지 않으며 1.5유로의 별도 탑승권이 필요하다. 본 섬을 여행할 때는 이용할 일이 거의 없지만, 노벤타 아웃렛을 가기 위해 버스를 이용할 때나 크루즈를 탑승할 경우 이용하기 편리한 대중교통수단.

위치: Rio Terà Sant'Andrea, 469 / 로마 광장 정류장에서 도보 3분
여름 시즌: 평일 07:00~23:00, 주말 08:00~22:00
겨울 시즌: 평일 07:00~23:00, 주말 08:30~21:00
요금: 탑승권 €1.5

4. 포터

가까운 거리라고 해도 베네치아 특성상 다리가 많고 길이 평평하지 않아 무거운 캐리어를 들고 다리를 넘나들기 힘든 경우가 있다. 이때 유용하게 이용할 수 있는 서비스가 바로 포터. 카트로 짐을 싣고 옮겨준다. 목적지가 도보로 이동 가능한 거리이고, 짐이 무겁다면 이용을 고려하자. 역이나 거리에서 쉽게 포터들을 찾을 수 있다. 기본 요금은 €15(트렁크 한 개), 짐 한 개당 5유로가 추가되나, 정확히 정해진 금액이 없어 사실 부르는 게 값이다. 이용하기 전 포터와 정확한 금액을 반드시 흥정하자.

PLAN YOUR TRIP : THE BEST DAY COURSE - 1DAY

The Best Day Course

BEST COURSE / **1 DAY** — 베네치아의 하이라이트! 본 섬을 돌아보는 날. 여행을 일상처럼, 살아보는 여행.

Mercato di Rialto

09:00

리알토 시장
(돌체 비타 – 산 자코모 디 리알토)
활기찬 리알토 아침 시장을 구경하고 돌체 비타 카페에서 에스프레소 한잔, 커피보다 와인이라면 알 아르코로!

I Love Pasta

11:30

I Love Pasta
매일 아침 생면을 뽑고 소스를 만드는 장인정신으로 똘똘 뭉친 테이크 아웃 수제 파스타 가게. 테이크 아웃 파스타 집이라고 얕보면 큰코 다치는 곳!

San Marco

16:00

산 마르코 광장 - 플로리안 카페
베네치아 정치, 행정의 중심. 베네치아의 심장부와도 같았던 화려한 광장. 이탈리아 최초의 카페인 플로리안에서 낭만적인 커피 한잔.

Chiesa di San Giacomo di Rialto

10:00

산 자코모 디 리알토 성당
약 421년 베네치아에 첫 번째로 지어진 성당. 중세 유럽 최대 규모의 향신료 시장이자 금융업이 발달되었던 곳.

Acqua alta Liberia

13:00

아쿠아 알타 서점
오래된 곤돌라에 쌓여 삐뚤게 또 바르게 쌓아진 책들에서 풍기는 책 내음, 그리고 운하 앞에 놓인 의자에서 책을 볼 수 있는 너무나 베네치아스러운, 아름다운 서점.

Ponte dell' Accademia

18:00

아카데미아 다리
뷰 포인트로도 유명한 아카데미아 다리에서 바라보는 노을은 장관이다. 산타 마리아 델 살루테 성당 위 하늘이 오렌지 빛으로 물든 풍경은 황홀할 정도로 아름답다.

Traghetto

10:30

트라게토 탑승
곤돌라와 비슷하게 생겼지만 현지인들이 대운하를 건너는 유용한 용도로만 사용된다. 트라게토를 타고 운하 반대편으로 건너가 보자.

Ponte di Rialto

14:00

리알토 다리
베네치아 중앙에 대운하를 가로지르는 리알토 다리. 주변의 고풍스러운 폰테고 데이 테데스키 백화점과 장인이 손수 만든 가면이 있는 라 보테가 마스케리도 추천.

Barbacani

19:00

바르바카니 레스토랑
관광객이 많은 베네치아에서 찾기 힘든 엄마 집밥 같은 정직하고 맛있는 요리를 맛볼 수 있는 보물 같은 레스토랑이다.

PLAN YOUR TRIP : THE BEST DAY COURSE - 2DAY

BEST COURSE / 2 DAY

인근 섬에서 여유롭게 힐링하고 치케티 파티를 즐기는 저녁

Torrefazione Cannareggio — 08:00
또레파지오네 까나레지오
매일 아침 커피 콩을 직접 로스팅 해 베네치아에서 가장 신선한 커피를 맛볼 수 있는 곳. 주변으로 퍼지는 커피 향기에 그냥 지나치지 못할 것.

Ex Chiesa Santa Chiara Murano — 10:00

무라노섬 엑스 산타 키아라 처치
1,400도의 가마 앞에서 순식간에 만들어지는 유리작품 시연을 감상하자. 무라노를 바라보는 보는 시선이 달라지게 될 것이다.

Murano Gallary — 11:00

무라노섬 갤러리
무라노에서의 여행 철칙이 있다면 절대로 쏙 보고 지나치지 않는다는 것이다. 작품 하나하나 마다 각기 다른 개성을 뽐내는 갤러리들을 천천히 방문해보자.

Trattorio alla Maddalena — 12:30

트라토리아 알라 막달레나
신선한 해산물을 아낌없이 넣어 요리한 베네치아 전통 식당. 테라스에서 펼쳐진 베네치아의 운하를 바라보며 운치 있게 식사를 즐길 수 있다.

Mazzorbo — 14:00
마쪼르보섬
섬 안의 고대 수도원에 아름답게 가꾸어진 베니사 와이너리를 산책해보자. 가든에 놓인 벤치에서 잠시 쉬어가거나 간단한 피크닉을 즐겨도 좋다.

Burano — 16:00

부라노섬
알록달록한 집들로 가득 찬 부라노섬. 아기자기하고 컬러풀한 섬에서 즐거운 인생샷 놀이를 즐길 시간. 쑥스러움은 한순간, 남은 사진은 평생! 마음껏 사진을 찍자.

Torcello — 18:00

토르첼로섬
옛 정취를 느끼게 하는 고즈넉한 느낌이 가득한 분위기가 마음을 여유롭고 넉넉하게 만든다. 베네치아가 처음 시작되었던 역사적인 곳.

Cicchetti — 19:00

치케티 거리
이 거리에는 매력적인 바카로들이 모여있다. 밤새 바카로들을 옮겨 다니며 맛있는 치케티와 와인을 맛보자.

Jazz Club — 21:00

베네치아 재즈 클럽
베네치아의 재즈 뮤지션들이 연주하는 음악과 칵테일 한 잔으로 낭만적인 밤을 즐겨보자. 베네치아의 신비롭고 아름다운 야경과 이보다 더 잘 어울릴 수 없다.

PLAN YOUR TRIP : THE BEST DAY COURSE - 3DAY

BEST COURSE 3 DAY 베네치아의 예술에 빠져보는 황홀한 날

The Grand Canal Trip

09:00 2번 버스 대운하 여행
대운하를 따라 운행하는 2번 버스를 타고 대운하 여행을 떠나보자. 바다 위의 아름다운 건축에 마음을 빼앗기게 될 것.

Dorsoduro

12:20 베네치아 소호 거리 산책
예술가들이 만들고 예술을 사랑하는 이들이 모이는 곳 좁은 골목길. 베네치아를 비롯한 이탈리아 작가들의 작품을 전시하고 판매하는 작은 갤러리들이 모여 있는 거리.

Teatro La Fenice

16:00 라 페니체 극장
축배의 노래 아리아로 유명한 오페라 <라 트라비아타>가 초연 되었던 곳. 24k 골드와 민트색 프레스코화의 조합이 너무나 화려하고 아름다운 극장.

Collezione Peggy Guggenheim

10:00 페기 구겐하임 뮤지엄
세계적인 현대미술관의 반열에 올라선 구겐하임 뮤지엄. 아트 컬렉터 페기 구겐하임이 생전에 수집한 현대미술을 아름다운 대운하 풍경과 함께 즐겨보자.

Caffè la Sera

13:00 카페 세라
초록을 찾아보기 어려운 베네치아에서 널따란 정원이 있는 카페 세라는 비밀의 화원과도 같다. 서두름을 내려두고 여유롭게 잠시 쉬어가자.

Zanze XVI

19:30 잔제 XVI
베네치아의 전통 요리와 모던함이 만나 우아하고 세련된 그루멧 요리를 선보인다. 예쁜 플레이팅 보는 것만으로 행복하게 만들고, 맛은 이에 못지않게 놀랍다.

Basilica di Santa Maria della Salute

12:00 산타 마리아 델 살루테 성당
먹음직스러운 생크림을 가득 얹은 듯 아름다운 산타 마리아 델 살루테 성당. 흑사병이 베네치아에서 물러간 것을 기념하기 위해서 지어졌다.

Arsenale

14:00 아르세날레
지중해를 고향처럼 드나들었던 베네치아의 상인들의 발이 되어 주었던 선박을 만들었던 조선소 아르세날레. 지금은 해군 기지로 쓰이고 있다.

Chiesa di San Vidal

21:00 산 비달 성당 비발디 공연
베네치아 출신 작곡가이자 바이올리니스트였던 비발디. 비발디의 고향에서 쳄발로 등 고악기로 연주되는 연주회는 베네치아의 낭만적인 밤을 보내기에 안성맞춤.

PLAN YOUR TRIP : THE BEST DAY COURSE - 4DAY/+1DAY

BEST COURSE / 4 DAY — 리도 산책 후 유대인이 살았던 게토 지역을 돌아보는 날

10:00

Lido
리도섬
베네치아에서 해수욕을 즐길 수 있는 섬. 자전거를 빌려 바람을 만끽하며 달리다가, 이름 모를 해변 앞 바에서 맥주 한잔과 함께 남국의 햇살을 즐겨보자.

12:00

Ai Mercanti
아이 메르깐띠
오감을 만족시키는 레스토랑. 감미로운 음악과 함께 베네치아 전통 레시피에 현대적인 감각을 더해 요리한 맛있고 멋있는 디쉬를 맛볼 수 있다.

14:00

Ghetto
게토
<베니스의 상인>의 무대가 되었던 유대인 집단 거주 지역 게토. 삶이 살아 숨쉬는 여유로운 베네치아 마을의 정취를 느낄 수 있는 곳.

BEST COURSE / +1 DAY — 근교 여행

Treviso
트레비소
달콤하고 부드러운 디저트 티라미수가 탄생한 곳 트레비소. 그 원조를 찾아 달콤한 여행을 떠나보자. 베네치아에서 30분 정도 떨어져 있는 가까운 도시이나, 여행객들이 많은 베네치아와는 다르게 이방인으로서의 슬거움을 느낄 수도 있다. 도시 중심부를 감싸 안으며 흐르는 아름다운 강변에서의 피크닉도 좋다.

Valdobbiadene
발도비아데네
이탈리아 최고급 스파클링 와인인 프로세코가 생산되는 소도시 발도비아데네. 초록이 넘실거리는 와이너리에서 마시는 와인은 잊을 수 없는 오감 가득한 추억을 만들어 줄 것. 발도비아데네 주변에 위치한 에메랄드 빛 산타 크로체 호수, 이탈리아에서 가장 오래된 고성 카스텔 브란도를 돌아보는 것도 놓치지 말자.

Verona
베로나
사랑의 도시 베로나. 이보다 더 사랑을 속삭이기 좋은 도시가 있을까? 유네스코에 도시 전체가 등재될 정도로 아름다운 이 도시 곳곳에는 로미오와 줄리엣의 사랑 이야기로 가득하다. 줄리엣의 집의 줄리엣 동상 앞에서 영원한 사랑을 약속하고, 산 피에트로 광장에 올라가 장미 빛으로 물든 베로나의 뷰를 바라보자.

★ Main Spot
♪ Theater
▫ Shop
✕ Restaurant
☕ Cafe
▽ Bar
⌂ Hotel
⛴ Vaporetto
바포레토(수상버스)

MAP

—

Venezia

1. **The Suburbs of Venezia** : 베네치아 근교
2. **Venezia** : 베네치아 개괄
3. **North** : 베네치아 북부
4. **Center** : 베네치아 중심부
5. **West** : 베네치아 서부
6. **South** : 베네치아 남부
7. **Murano, Burano & Etc.** : 무라노, 부라노 & 기타 인근섬
8. **Verona** : 베로나
9. **Treviso** : 트레비소
10. **Valdobbiadene** : 발도비아데네

Map design Sulea Lee

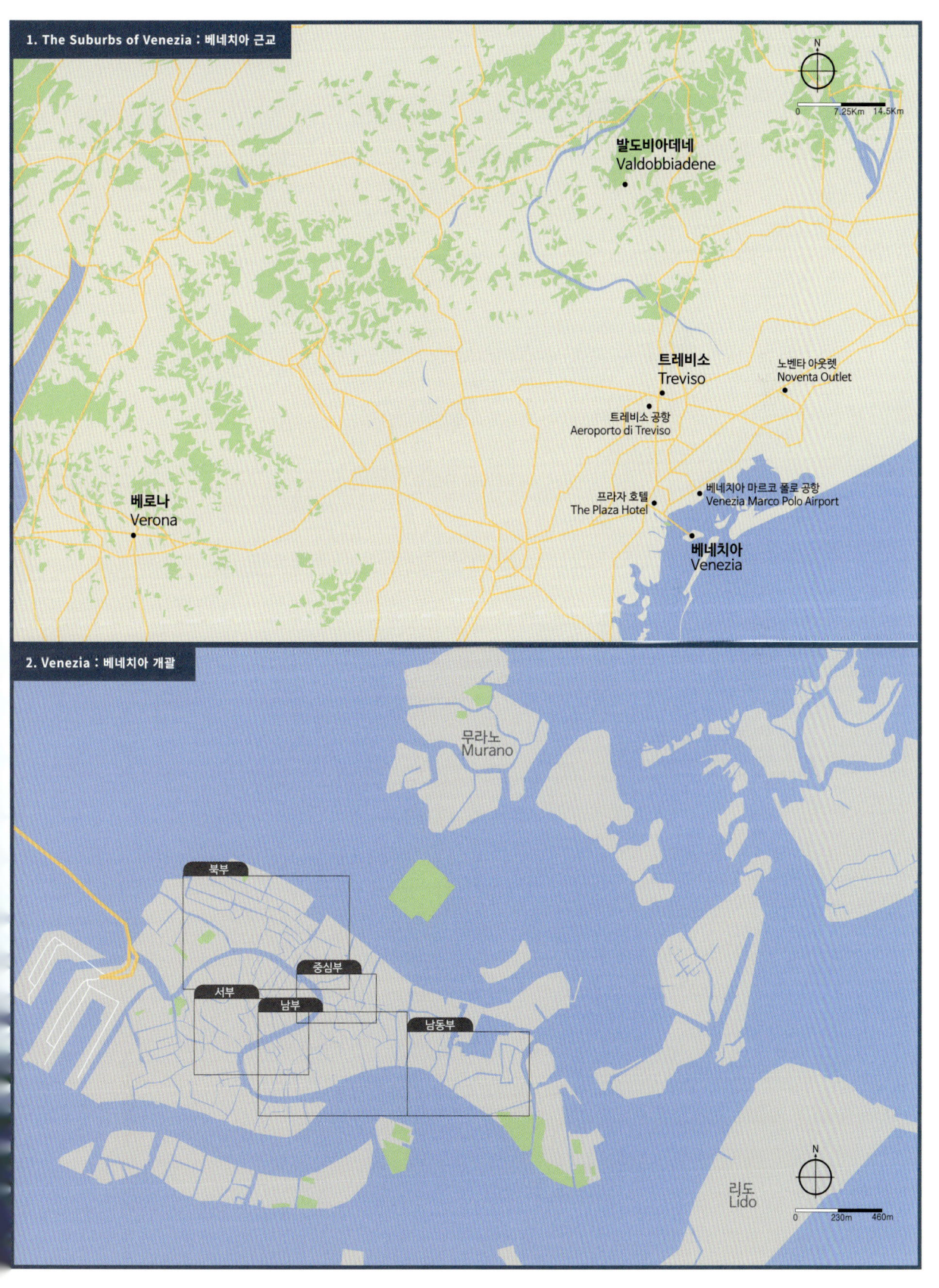

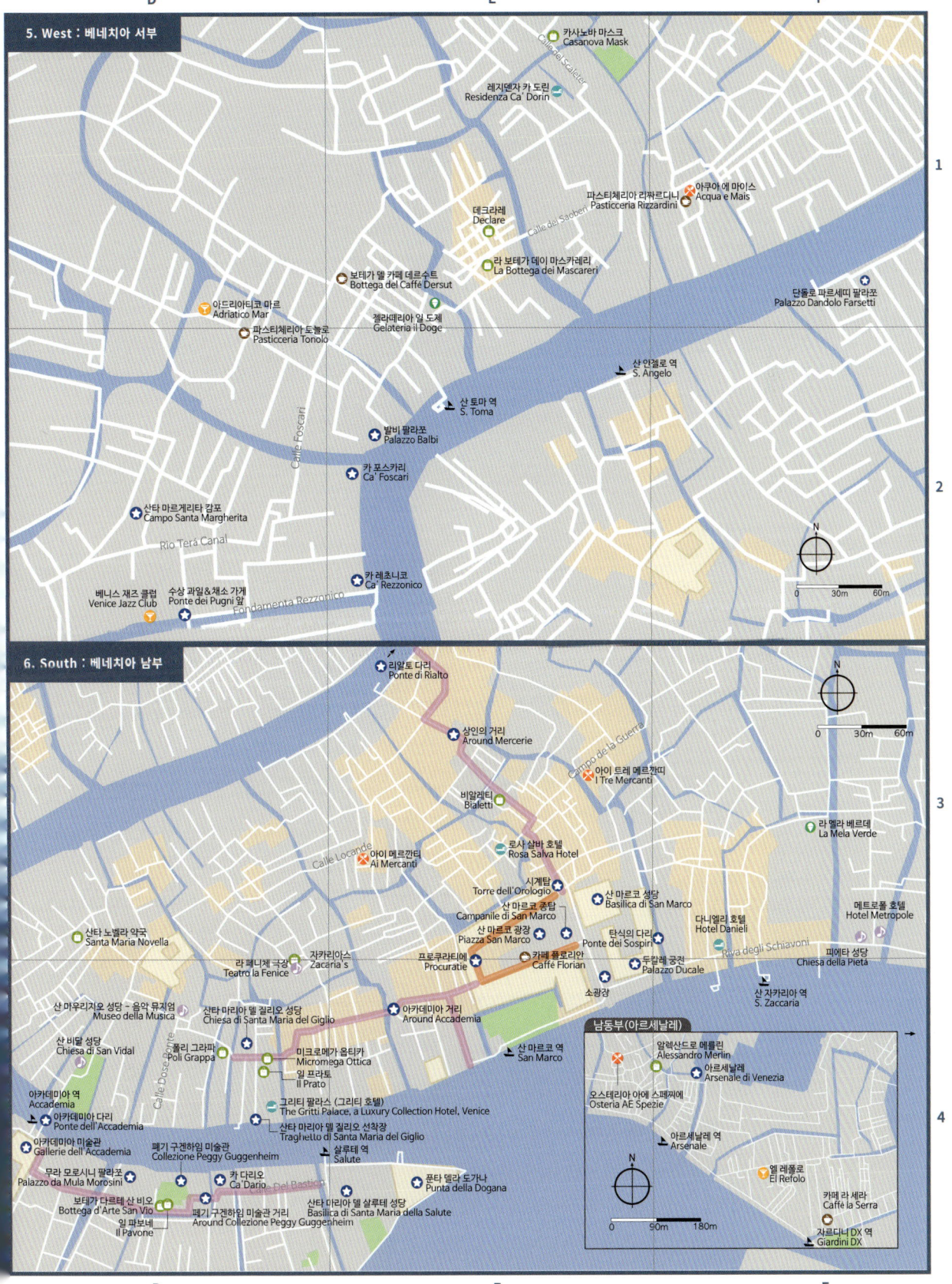

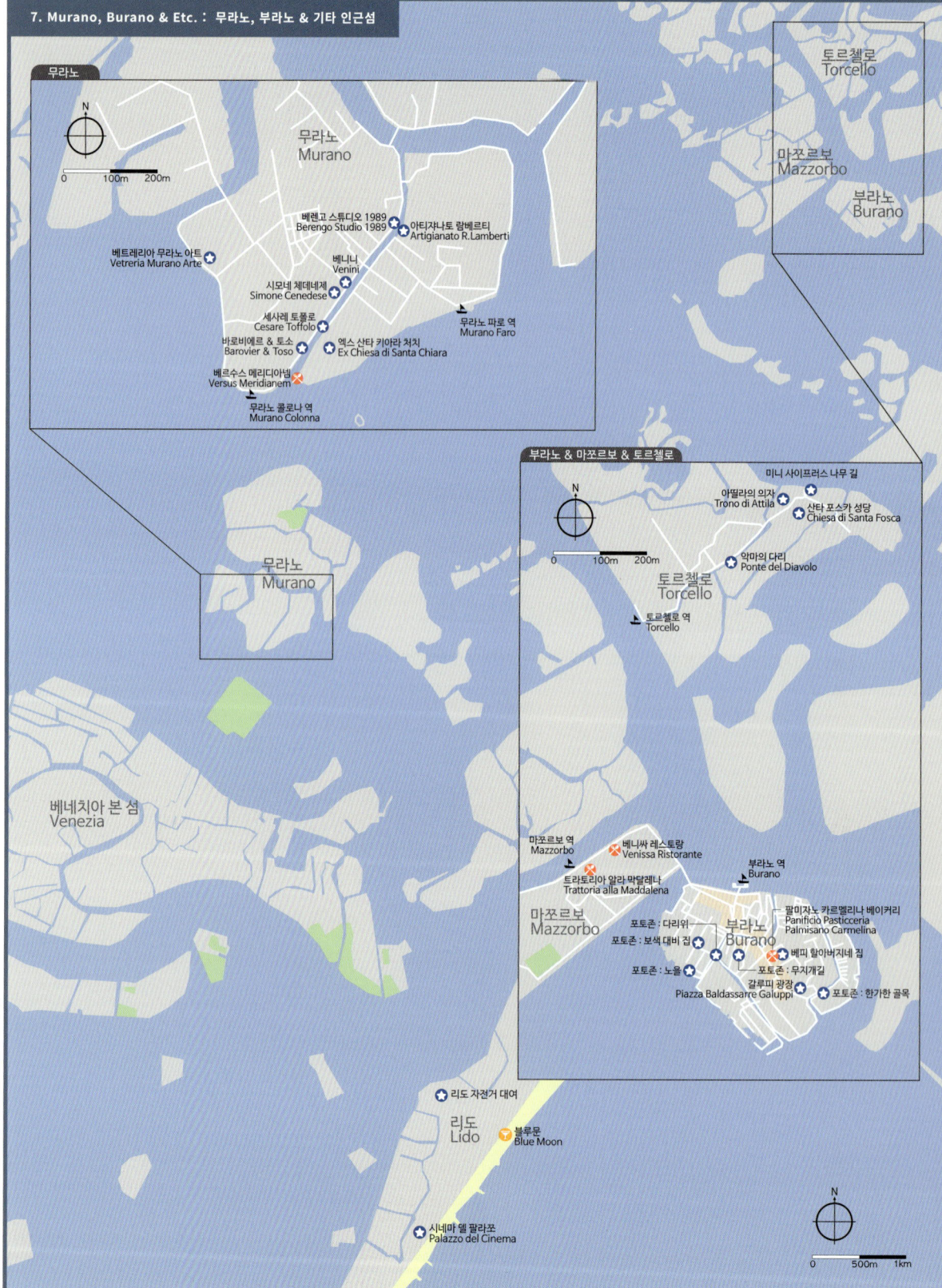

Writer
정자현 Jahyun Jeong

Publisher
송민지 Minji Song

Managing Director
한창수 Changsoo Han

Editors
오대진 Daejin Oh
강제능 Jeneung Kang

Designers
안선주 Seonju Ahn
김영광 YoungKwang Kim

Illustrators
김달로 dallow kim
이설이 Sulea Lee

Business Director
서병용 Byungyong Seo

Accounting
박주희 Joohee Park

Publishing
도서출판 피그마리온

Brand
easy&books
easy&books는 도서출판 피그마리온의 여행 출판 브랜드입니다.

Tripful

Issue No.13

ISBN 979-11-85831-69-5
ISBN 979-11-85831-30-5(세트)
ISSN 2636-1469
등록번호 제313-2011-71호 등록일자 2009년 1월 9일
초판 1쇄 발행일 2019년 5월 13일

서울시 영등포구 선유로 55길 11, 4층 TEL 02-516-3923
www.easyand.co.kr

Copyright © EASY&BOOKS
EASY&BOOKS와 저자가 이 책에 관한 모든 권리를 소유합니다.
본사의 동의 없이 이 책에 실린 글과 사진, 그림 등을 사용할 수 없습니다.

No.1 FUKUOKA	No.2 CHIANGMAI	No.3 VLADIVOSTOK
No.4 OKINAWA	No.5 KYOTO	No.6 PRAHA
No.7 LONDON	No.8 BERLIN	No.9 AMSTERDAM
No.10 ITOSHIMA	No.11 HAWAII	No.12 PARIS
No.13 VENEZIA